Kleine Bamberger Stadtgeschichte

Karin Dengler-Schreiber

Kleine Bamberger Stadtgeschichte

Verlag Friedrich Pustet
Regensburg

Umschlagmotiv:
Bamberg, „Mühlwörth".
Aquarell von Karl Theodor von Buseck, um 1830.
(Bamberg, Historisches Museum.)

Bibliografische Information der Deutschen Bibliothek

Die Deutsche Bibliothek verzeichnet diese Publikation
in der Deutschen Nationalbibliografie; detaillierte bibliografische
Angaben sind im Internet über http://dnb.ddb.de abrufbar.

www.pustet.de

ISBN-10 3-7917-2011-2
ISBN-13 978-3-7917-2011-1

Umschlaggestaltung: Kulturdesign Anna Braungart, Tübingen
Gesamtherstellung: Friedrich Pustet, Regensburg
Printed in Germany 2006

Inhalt

Vorwort

Von der Burg im wilden Osten des Frankenreiches zum *caput orbis*, dem „Haupt der Welt“ – ein Bilderbuchstart in der Zeit um 1000. Einige Jahrzehnte lang war Bamberg Zentralort des Reiches, überhäuft mit Gold und Würden, mit Wissen und Kunst. Von diesem Kapital zehrt die Stadt zum Teil bis heute. Dazu kamen die Schätze aus ihrer 800-jährigen Funktion als Hauptstadt des Hochstifts Bamberg, des fürstbischöflichen Staates. Nach dem Ende dieses Staates 1802 konnten die Bürger der Stadt anfangen, ihre Kräfte zu entfalten; die Stadt wuchs, setzte Stadtteil um Stadtteil an. Doch die Identifikation mit Bamberg erfolgt weiterhin über die großen Zeugen der Vergangenheit, die mittelalterliche und die barocke Stadt mit ihren Kirchen und Palästen. Diese Identifikation ist in Bamberg überaus intensiv und wurde noch verstärkt durch die Verleihung des Titels „Weltkulturerbe“ 1993. Die Stadt lebt mit und inzwischen zum Teil auch von ihrer Vergangenheit. Umso erstaunlicher, dass es bis heute keine zusammenfassende wissenschaftliche Darstellung der Stadtgeschichte gibt, trotz der Fülle von Literatur zu Bamberg. Die „Kleine Bamberger Stadtgeschichte“ will diese Lücke ansatzweise füllen. Natürlich ist das angesichts des vorgegebenen Buchumfangs nur sehr kursorisch möglich; das Schwierigste an einem solchen „Geschichtskonzentrat“ ist die Auswahl dessen, was nicht weggelassen wird.

Eine solche Arbeit ist nur mit vielfältiger Hilfe möglich. Ich danke der Staatsbibliothek Bamberg für die kompetente und unbürokratische Hilfe bei der Beschaffung von Wissen und vor allem ihrem Fotografen, Herrn Raab, für die besonderen Bilder, die er immer wieder findet. Ich danke dem Stadtarchiv, dem Historischen Museum und Herrn Barthel für ihre Bilder ebenso wie Dr. Zink und Dr. Gunzelmann für ihre prüfende Lektüre meines Textes und meiner Familie für ihre Geduld. Vor allem aber bin ich dankbar, dass diese Stadt nach so vielen Jahren des Studiums noch immer Überraschungen bereithält, Anregungen, Fragen und stets wieder Momente des Glücks angesichts ihrer Schönheit.

Bamberg,
im Januar 2006

Karin Dengler-Schreiber

Vor der Bistumsgründung

Eine Burg in der *Francia Orientalis*

Im wilden Osten des Frankenreiches besetzte eine Burg den Rand eines Hochplateaus, das steil in das weite Tal der Regnitz abfällt. Dieser Bergsporn ist einer der Ausläufer des Steigerwalds, getrennt von seinen Nachbarhügeln durch tiefe, steile Bachtäler. Die Regnitz bildete hier, kurz vor ihrer Mündung in den Main, zahlreiche Nebenarme zwischen großen Sandflächen – eine Situation, die sich bei den häufigen Hochwassern immer wieder veränderte. Der Talgrund war weitgehend bedeckt mit Wald. Auf einzelnen höher gelegenen Stellen – Inseln, Wörthen – fanden sich Spuren von Besiedlung.

Auf dem Hochplateau, das zum Domberg werden sollte, reichen die Zeichen der Anwesenheit von Menschen – Steinbeile und Topfscherben, Schichtaugenperlen und Tonstempel – über 5000 Jahre zurück. Seit etwa 1400 Jahren ist es kontinuierlich bewohnt. Die Archäologen gruben Reste von Häusern aus, die aus dem 7. Jahrhundert stammen. Zu ihnen führte wohl ein mit Bohlen befestigter Weg, dessen Reste am feuchten Fuß des Dombergs in der Lugbank gefunden wurden.

Wer hat diese Siedlung gebaut? Die Scherben, die die Bewohner hinterließen, erzählen Überraschendes: Hier lebten Slawen und Germanen offenbar friedlich beieinander. Nachdem die Franken 531 das Thüringerreich zerstört hatten, war das Bamberger Land eine Zeit lang relativ dünn besiedelt. Die Lücken im Siedlungsnetz füllten Slawen, die in Oberfranken einsickerten. Für die Germanen vermutet die Forschung einen Bevölkerungsmix aus altansässigen Gruppen, umgesiedelten Thüringern und fränkischen Zuwanderern.

Schon im 8. Jahrhundert hatte die Siedlung auf dem ‚Domberg' überörtliche Bedeutung, ausgezeichnet durch ein Steingebäude, was in jenem abgelegenen östlichen Teil des

Merowingerreiches höchst ungewöhnlich war. Dorthin machten angeblich im Jahr 718 Herzog Hetan und seine junge Frau Bilihild ihre Hochzeitsreise: *Sie kamen nach Bamberg, wo viele vergnügliche Festlichkeiten veranstaltet wurden und die Stämme der Franken den Herzog feierten.* Noch streiten sich die Gelehrten, ob die Ersterwähnung Bambergs tatsächlich auf 718 datiert werden kann, ob Bamberg ein Stützpunkt der fränkischen Herzöge aus der Familie der Hedene gewesen ist und was nach deren Aussterben aus der Burg wurde. Doch die Ausgrabungen der letzten Jahre zeigen eindeutig, dass die Burg um diese Zeit ein wichtiges Machtzentrum und ungewöhnlich stark befestigt war.

Ein verlorenes Lied: Der Untergang der Babenberger

Im Lauf des 8. und 9. Jahrhunderts begannen die Slawen, sich staatlich zu organisieren und führten Feld- und Raubzüge in

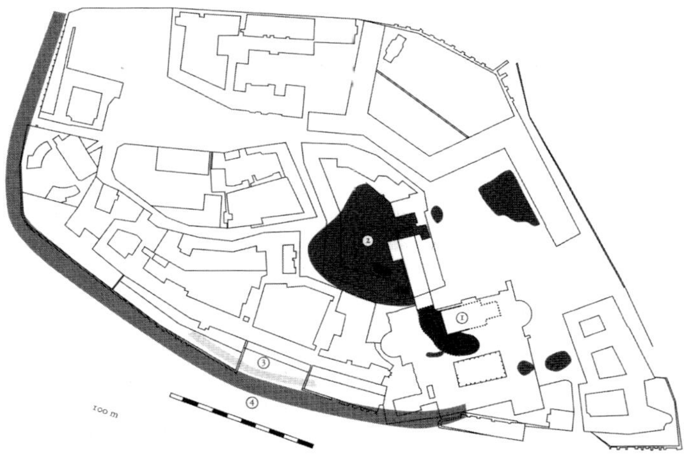

Die Babenburg war schon im 8. Jahrhundert ein wichtiges regionales Machtzentrum und wurde um 800 mit einer 5 Meter breiten Steinmauer umgeben. – Zeichnung Walter Sage 2002.

die westlichen Regionen durch. Karl der Große reagierte darauf mit einem systematischen Ausbau der Grenzgebiete. In diesem Grenzsicherungssystem musste auch die Burg auf dem Bamberger ‚Domberg' eine wichtige Rolle spielen. Um 800 wurde sie zur „Babenburg" ausgebaut und mit einer fünf Meter starken Steinmauer umgeben. Schon die Kosten einer solch gewaltigen Baumaßnahme zeigen die politische Bedeutung der Burg und lassen Macht und Reichtum der Bauherrn erahnen.

Das waren die Grafen des Volkfeld-, Radenz- und Grabfeldgaus, eine Familie, die nach ihrem Leitnamen Poppo als „Popponen" oder nach ihrem Hauptsitz Bamberg als „Babenberger" bezeichnet wird. Arnulf von Kärnten (887–899), der illegitime, aber machtbewusste vorletzte Karolinger, versuchte die gefährliche Machtkonzentration der Babenberger in Ostfranken zu zerschlagen, indem er systematisch den Einfluss der Konradiner, der Familie seiner Frau Oda, in Ostfranken erhöhte. Der entscheidende Streich war die Neubesetzung des Würzburger Bischofsstuhls, den Arnulf dem Konradiner Rudolf gab. Die Feindschaft der beiden Sippen steigerte sich bis zu einem Krieg, der selbst in jener gewalterfüllten Zeit allgemeines Aufsehen erregte – die „Babenberger Fehde".

899 wurde Arnulfs Sohn Ludwig († 911) von den Großen des Reiches zum König gewählt. Ludwig war damals erst sechs Jahre alt und stand ganz unter dem Einfluss der mütterlichen, konradinischen Verwandtschaft. Der für ihn regierende Erzbischof Hatto von Mainz (891–913) betrieb die Entmachtung der Babenberger weiter. Ab 902 begannen sie, sich mit kriegerischen Aktionen zu wehren. Adalbert und seine Brüder Adalhard und Heinrich zogen *aus der Burg, die Babenbergk genannt wird,* in den Kampf gegen die konradinischen Brüder Everhard, Gebhard und Rudolf. In dieser Schlacht fiel Heinrich, und sein Bruder Adalhard wurde gefangen genommen. Als kurze Zeit danach der Konradiner Graf Everhard an seinen Verwundungen starb, ließ sein Bruder Gebhard gegen jedes Recht seinen Gefangenen Adalhard enthaupten.

Vielleicht war das der Anlass für Adalberts zweite Offensive: Er besetzte Würzburg und verjagte Bischof Rudolf und die Familie des verstorbenen Everhard. Die nächsten drei Jahre war Adalbert wieder unangefochtener Herr in seinem Bereich. Doch dann brach er erneut zu einem Kriegszug auf. Im Frühjahr 906 griff er Konrad d. Älteren in seinem Sitz Fritzlar an. Konrad fiel gleich beim ersten Zusammenstoß. Die flüchtenden Konradiner wurden niedergemetzelt und Adalbert ließ seine Leute drei Tage lang plündern, bevor sie schwer beladen mit Beute zur Babenburg zurückkehrten. Für diese Untat sollte er sich auf einem Hoftag in Trebur im Juli 906 verantworten. Inzwischen allerdings ging es längst nicht mehr um die Privatfehde zweier verfeindeter Familien, es ging um die Macht im Reich. Zwei große Blöcke standen sich gegenüber: Hinter den Konradinern standen auch die Bayern unter ihrem Herzog Luitpold, hinter den Babenbergern vor allem die Sachsen. Ohne seinen Schwager und Freund, den mächtigen Sachsenherzog Otto, hätte Adalbert in einem Prozess auf dem Hoftag keine Chance gehabt. Otto aber war zu diesem Zeitpunkt daheim unabkömmlich, denn die Ungarn waren im Juni 906 das erste Mal in Sachsen eingefallen. Also reiste Adalbert nicht nach Trebur. Daraufhin wurde ein Heereszug gegen ihn beschlossen. Am 2. September 906 lag der 11-jährige König mit seinem Heer bei Stegaurach westlich von Bamberg. Adalbert von Babenberg begab sich am 9. September ins Lager des Königs, um sich ihm zu unterwerfen. Üblicherweise begnadigte der König daraufhin seinen Vasallen und gab ihm seine Ämter zurück. Doch Adalbert wurde gegen jeden Usus ergriffen und hingerichtet.

Die Babenberger – Verräter oder Opfer?

Die Ereignisse vor der Hinrichtung Adalberts von Babenberg werden von den Chronisten ganz unterschiedlich erzählt. Nach Regino von Prüm habe Adalbert nach längerer Belagerung den Mut verloren, die Tore der Burg Theres geöffnet und sich der Gnade des Königs ergeben. Aber dem König wurde verraten, dass Adalbert nach dem Abzug des Heeres sofort wortbrüchig werden wolle. Daraufhin sei er gefesselt vorgeführt und hingerichtet worden. Bei späteren Geschichtsschreibern sieht die Geschichte ganz anders aus: Danach kam Erzbischof Hatto von Mainz in die Babenburg und überredete Adalbert unter der

Zusicherung freien Geleits ins Lager des Königs zu kommen. Unterwegs bat er um ein Frühstück, woraufhin Adalbert mit ihm in die Burg zurückkehrte. Als sie nach dieser Unterbrechung ins Lager kamen, wurde Adalbert ergriffen und zum Tod verurteilt. Er erinnerte den Erzbischof an seinen Schwur, doch dieser erwiderte kühl, er habe ihn ja einmal sicher in seine Burg zurückgebracht; mehr habe er nicht versprochen. *Was gibt es Schändlicheres als solche Treulosigkeit?*, fragt Widukind von Corvey.
In dieser Version wurde die ‚Story' schon bald nach den Ereignissen überall erzählt. Im Lauf der Zeit gerann sie zu einem Heldenlied, in dem Adalbert die Rolle des Guten und Hatto den Bösen spielte, der schließlich eines grässlichen Todes starb, von Ratten gefressen oder im Ätna verschmort. Noch 250 Jahre später berichtete Otto von Freising († 1158), der seine Abstammung über die österreichischen Babenberger auf Adalbert zurückführt, in seiner viel gelesenen Chronik, dass die Geschichte *nach einer Überlieferung durch das ungelehrte Volk in Raststätten und Höfen bis heute zu hören ist*. Doch das Lied ging verloren; es gibt davon keine schriftliche Aufzeichnung.

Die Konradiner hatten gesiegt und verteilten unter ihren Anhängern die Besitzungen der Babenberger. Erzbischof Hatto sicherte sich wertvolle Güter; der Löwenanteil, darunter die Babenburg, fiel an König Ludwig. Nach dessen Tod 911 wurde Konrad, der älteste der konradinischen Brüder, in Forchheim zum neuen König gewählt. Er regierte sieben gewaltreiche, erfolglose Jahre lang. Kurz vor seinem Tod rief er seinen Bruder Gebhard zu sich und soll zu ihm gesagt haben: *Wir können, Bruder, Truppen sammeln und führen, wir haben Burgen und Waffen – nur kein Glück und nicht das Zeug dazu, König zu sein. Nimm also die königlichen Insignien, die heilige Lanze, die goldenen Armreifen, den Mantel und das Schwert der alten Könige sowie die Krone und bring sie zu Heinrich (dem Herzog der Sachsen).* So begann das Zeitalter der Ottonen, des für Bambergs Schicksal ausschlaggebenden Geschlechts.

Ein königliches Gefängnis

Nach dem Ende der Babenberger Brüder hört man jahrzehntelang nichts von Bamberg. Die nächste Nachricht betrifft erst das Jahr 963: *König Otto belagerte Berengar zwei Jahre lang auf dem Berg San Leo. Schließlich nahm er ihn samt seiner Frau Willa, seinen Söhnen und Töchtern durch eine List gefangen und schickte ihn nach Bamberg in die Verbannung, wo er später verstarb*, berichtet Thietmar von Merseburg. Wer waren Berengar und Willa und warum verbannte Otto d. Große (936–973) sie nach Bamberg?

Berengar II. von Ivrea († 966), der Enkel des letzten karolingischen Kaisers, hatte in den Wirren nach dem Zerfall des Karolingerreiches 945 Norditalien erobert. Als dessen legitime Erbin aber galt Adelheid, die junge Witwe des letzten Königs von Italien. Deshalb wollte Berengar sie zur Heirat mit seinem Sohn zwingen und ließ sie, als sie sich weigerte, auf der Burg Garda gefangen setzen. Adelheid wandte sich nun um Hilfe an den deutschen König Otto d. Großen. Dem kam dieser Hilferuf offenbar nicht ungelegen: Welcher Held kann schon dem Flehen einer 20-jährigen Prinzessin widerstehen, sie aus der Gewalt eines mächtigen Bösewichts zu befreien, wenn für Rettung und Hochzeit auch noch der Gewinn eines Königreichs winkt? Nach der Hochzeit mit Adelheid nannte Otto sich *König der Franken und Langobarden* und ging gegen Berengar vor. Ende 963 gelang es ihm, ihn und seine ehrgeizige Frau Willa gefangen zu nehmen. Um sie endgültig auszuschalten, verbannte er sie nach Bamberg.

Daraus lässt sich für die Babenburg dieser Zeit zweierlei schließen: Erstens war die Burg wohl so befestigt, dass sie als ausbruchssicher gelten konnte, und zweitens war sie geräumig und komfortabel genug, um für einen König und seine Familie als Aufenthaltsort akzeptabel zu sein. Berengar starb am 6. August 966 in Bamberg und wurde dort *wie für einen König üblich* bestattet. Willa zog sich in ein unbekanntes Kloster zurück. Das Grab Berengars, das sicher in oder bei der Burgkirche lag, ist nicht mehr zu identifizieren.

Ein kaiserliches Geschenk

Am 27. Juni 973 schenkte Kaiser Otto II. (973–983) auf Fürbitte seiner Mutter Adelheid hin seinem Vetter, dem Herzog Heinrich von Bayern, *die Burg Bamberg und Stegaurach in Graf Bertholds Grafschaft Volcveld mit allem, was dazugehörte: Dienstleuten beiderlei Geschlechts, Gebäuden, Kirchen, bebauten und unbebauten Ländereien, Wiesen, Weiden, Wäldern, Forsten, Förstern, Zeidlern, Wassern und Wasserläufen, Mühlen, beweglichen und unbeweglichen Sachen, Wegen und weglosem Land, mit Abgaben und Einkünften.* Ein wahrhaft kaiserliches Geschenk. Aber auch ein Kaiser verschenkt so etwas nicht ohne Grund. Warum tat er das?

929 hatte König Heinrich I., der Vogler (919–36, Sohn Hadewigs, der Schwester der drei Babenberger Brüder), eine folgenschwere Entscheidung gefällt: Er bestimmte entgegen der bisherigen Tradition, dass das Reich in Zukunft nicht mehr geteilt, sondern nur noch dem jeweils ältesten Sohn zufallen solle. Dies führte zu generationenlangem Streit unter den Ottonen. König Heinrichs ältester Sohn, Otto d. Große, übertrug seinem unzufriedenen Bruder Heinrich das Herzogtum Bayern, das damals von der Oberpfalz bis zur Adria reichte. Heinrich regierte in seinem *regnum* selbstständig wie ein König und vererbte es seinem Sohn, Heinrich dem Zänker. Als Kaiser Otto d. Große am 7. Mai 973 starb, versuchte seine Witwe Adelheid, den Frieden in der Familie zu erhalten: Sie drängte ihren Sohn, Otto II., seinen Vetter Heinrich mit einem äußerst wertvollen Geschenk für sich zu gewinnen. Dieses Geschenk war Bamberg. Doch der Versuch schlug fehl. Ein Jahr später begann Heinrich der Zänker zusammen mit den Herzögen von Polen und Böhmen den Aufstand. Er wurde gefangen genommen und schließlich in Utrecht inhaftiert. Kaiser Otto II. besetzte 976 Heinrichs Hauptstadt Regensburg, Bayern wurde zerschlagen und an verschiedene Fürsten vergeben.

Des Zänkers Frau Gisela ging mit ihren beiden kleinen Söhnen, dem 3-jährigen Heinrich (dem späteren Kaiser Hein-

Herzog Heinrich d. Zänker von Bayern bekam 973 Bamberg geschenkt. Sein Sohn, der spätere Kaiser Heinrich II., hielt sich als Kind hier auf. – Aus dem Regelbuch von Niedermünster, Regensburg.

rich II.) und dem 2-jährigen Brun, damals wohl nach Bamberg. Thietmar von Merseburg, der Biograf Heinrichs II., erzählt nämlich, dass Heinrich von Kindheit an Bamberg besonders geliebt habe. Der einzige Zeitraum, in dem Heinrich Bamberg lieben gelernt haben kann, ist die Zeit zwischen seinem 3. und seinem 5. Lebensjahr. Denn mit fünf Jahren kam der Bub zur Erziehung zu Bischof Abraham von Freising und 980 wurde der Siebenjährige zusammen mit seinem Bruder Brun in die Schule nach Hildesheim geschickt, wo er zum Kleriker ausgebildet wurde.

Diese frühe Beziehung Heinrichs zu Bamberg hielt ein Leben lang. Nach dem Tod seines Vaters 995, der nach seiner Unterwerfung 985 Bayern zurückbekommen hatte, wurde

Heinrich der neue Herzog. Er war jetzt der mächtigste und reichste Mann im Reich nach dem König. Heinrich hätte unter den Königstöchtern Europas wählen können. Doch er heiratete Kunigunde, die Tochter des damals noch nicht besonders bedeutenden Grafen Siegfried von Luxemburg. Die beiden verband zeitlebens eine enge emotionale Bindung.

Heinrich II. gründete mit Zustimmung seiner Gemahlin Kunigunde 1007 das Bistum Bamberg. – Krönungsbild im Perikopenbuch Heinrichs II.

1002 kam die große Wende für das Herzogspaar Heinrich und Kunigunde. Am 23. Januar 1002 starb völlig überraschend in Italien Kaiser Otto III. mit 21 Jahren. Die deutschen Fürsten mussten deshalb einen neuen König wählen. In dem nun ausbrechenden ‚Wahlkampf' konnte Heinrich durch Schnelligkeit, Entschlossenheit und eine gewisse Skrupellosigkeit die entscheidenden Punkte gewinnen. Er setzte sich schließlich durch, wurde am 7. Juni 1002 zum König gewählt und von Erzbischof Willigis von Mainz gesalbt und gekrönt.

Die große Zeit (1007–1248)

Die Gründung des Bistums Bamberg

Der 1. November 1007 ist das entscheidende Datum in Bambergs Geschichte. An diesem Tag stimmten auf der Synode in Frankfurt die Bischöfe des Reichs der Gründung des Bistums Bamberg zu. Stifter dieses Bistums war König Heinrich II. Schon seit seinem Regierungsantritt 1002, so berichtet Thietmar von Merseburg, habe Heinrich insgeheim die Errichtung eines Bistums geplant und deshalb mit dem Bau einer Kirche mit zwei Krypten in Bamberg begonnen. An seinem 34. Geburtstag, dem 6. Mai 1007, schenkte der König der neuen Kirche, deren Hauptaltäre an diesem Tag geweiht wurden, umfangreichen Besitz.

Doch dem Plan Heinrichs stellten sich erhebliche Schwierigkeiten entgegen. Der zukünftige Sprengel des Bistums gehörte zu den Diözesen Eichstätt und vor allem Würzburg, deren Bischöfe auf diese Gebiete verzichten mussten. Lange Verhandlungen gingen der Synode von Mainz am 25. Mai 1007 voraus, bei der Erzbischof Willigis von Mainz, einer der mächtigsten Männer seiner Zeit und Freund des Königs, und die anderen Bischöfe des Reichs der Bistumsgründung zustimmten. Bischof Heinrich von Würzburg übergab als Zeichen für sein Einverständnis dem König sogar seinen Bischofsstab, allerdings erst, nachdem dieser in Geheimverhandlungen versprochen hatte, sich für die Erhebung Würzburgs zum Erzbistum einzusetzen. Ende Juni 1007 bestätigte Papst Johannes XVIII. die Gründung des Bistums, das aber nicht Würzburg, sondern Mainz unterstellt und in den besonderen Schutz des Papstes genommen wurde. Damit waren die Hoffnungen des Würzburgers auf eine Rangerhöhung gescheitert und er widerrief seine Zustimmung. König Heinrich II., der im Oktober 1007 in Aachen auch die weltlichen Fürsten für die Neugründung gewonnen hatte, berief deshalb für den 1. November eine erneute Bischofsversammlung nach Frankfurt ein. Durch eine eindringliche Rede und indem er sich dreimal vor ihnen zu Boden warf, konnte er die 35 anwesenden Bischöfe von seinem Plan überzeugen.

Noch am selben Tag setzte er seinen Kanzler Eberhard, gleichaltrig mit dem König und ihm *eng vertraut*, als neuen Bischof von Bamberg ein, der auch sofort von Willigis geweiht wurde. Dann stellte Heinrich 27 Urkunden aus, mit denen er dem neuen Bistum Besitz übereignete, eine Ausstattung mit umfangreichen Gütern, Klöstern, Stiften, Höfen, Rechten und Einkünften, nicht nur in der Umgebung Bambergs, sondern in der ganzen Südhälfte des Reiches. Er verwendete dafür all seine Erbgüter und schenkte auch in den folgenden Jahren seines Lebens dorthin alles, was er ergattern konnte, um seine Gründung reich, schön, glänzend und berühmt zu machen.

Was veranlasste ihn, so zu handeln? Es gab ein Bündel von Motiven für die Bistumsgründung. In der Gründungsurkunde ist etwa die Christianisierung der Slawen genannt. Tatsächlich gibt es Indizien dafür, dass im Bamberger Land bis in die zweite Hälfte des 11. Jahrhunderts heidnische Slawen lebten. Als ausgesprochenes Missionsbistum aber war Bamberg nicht geplant. Bestimmend dürfte auch Heinrichs Wunsch gewesen sein, das obere Maintal zu einer königsnahen und politisch zuverlässigen Machtbasis zu machen, wobei es zunächst zu Konflikten mit dem Markgrafen von Schweinfurt kam. Markgraf Hezilo, ein Nachfahre der Babenberger, war der mächtigste Mann am Obermain. Er hatte Heinrich II. zunächst bei dessen Bemühungen um die Königskrone unterstützt, in der Hoffnung, als Belohnung das Herzogtum Bayern zu erhalten. Doch nach der Wahl vertröstete Heinrich II. Hezilo längere Zeit. Daraufhin vereinigte sich der Graf mit dem ebenfalls vom König beleidigten Polenherzog Boleslaw Chrobry zum offenen Aufstand. Heinrich II. ging sofort mit kompromissloser Härte gegen Hezilo vor. Der Aufstand brach zusammen, Heinrich II. feierte am 8. September 1003 in Bamberg ein Siegesfest. Hezilo wurde zwar 1004 begnadigt und erhielt seine Eigengüter zurück, nicht aber die Grafschaften. Diese Herrschaftsfunktion wurde dem neuen Bistum übertragen und stand damit der Verfügungsgewalt des Königs sehr nahe.

Das bei weitem gewichtigste persönliche Motiv für die Bistumsgründung war aber sicher jenes, das Heinrich II. auch jeweils als Erstes nennt: sich einen Erben zu schaffen, Christus zu seinem Erben zu machen. Kinderlosigkeit war für einen mittelalterlichen Dynasten eine Katastrophe. Denn eines der wichtigsten Instrumente mittelalterlicher Lebensbewältigung, ein Element allgemeiner und staatlicher Ordnung war die Familie, das Geschlecht, das Haus. In einer solchen Welt ist Kinderlosigkeit schlimmer als der eigene Tod. Für Heinrich erwies sich die Situation als besonders bedrückend, weil er auch keine erbberechtigten männlichen Verwandten hatte. Mit ihm starben die Ottonen aus.

Wer sollte also für die *memoria*, das Totengedenken von Heinrich und Kunigunde sorgen? Sie machten deshalb viele Gedenkstiftungen und gründeten Totenbünde mit gegenseitigen Gebetsverpflichtungen; aber ihre wichtigste Stiftung ist und bleibt Bamberg. Damit hatte das Paar Heinrich und Kunigunde einen ‚Erben‘, dem sie ihre ganze Liebe und Fürsorge zukommen lassen konnten. Damit begann Bambergs „goldenes Zeitalter“.

„Die Fülle des Silbers und Berge von Gold“

Vierundzwanzigmal hielt sich Heinrich II. während seiner Regierungszeit mit seinem Hof in Bamberg auf, bevorzugt an seinem Geburtstag und zu hohen Kirchenfesten. Ein besonderes Ereignis war die Weihe des Doms am 6. Mai 1012. Dazu reisten 45 Bischöfe und ungezählte Adelige an, um das Fest mit dem König zu feiern. Noch größer war die Menge an Ostern 1020: Papst Benedikt VIII., vom Kaiser wiederholt eingeladen, kam nach Bamberg, um mit Heinrich den militärischen Schutz des Kirchenstaates gegen die Byzantiner zu beraten. Bischöfe und Fürsten aus ganz Europa hatten sich zu diesem Anlass hier versammelt und erlebten, wie der Papst die Kirche St. Stephan und die Thomaskapelle in der Pfalz, der

„Alten Hofhaltung“, weihte. Auch Ismahel/Melus, der Herzog von Apulien, war gekommen. Er starb am Tag vor dem Fest und wurde im Dom begraben. Die Erinnerung an ihn blieb lebendig, denn er hat dem Kaiser als Gastgeschenk den kostbaren, goldgestickten Sternenmantel mitgebracht, auf dem Heinrich als „Zierde Europas“ *(decus Europae)* bezeichnet wird.

Das erste Loblied auf Bamberg
Abt Gerhard von Seeon (1004–1027) schrieb wenige Jahre nach der Bistumsgründung ein Preislied auf Bamberg, das er mit Jerusalem, Athen und Rom verglich. Er rühmt die Fülle des Silbers und die Berge von Gold, die hier aufgehäuft seien, die Edelsteine und die schimmernden Seidenstoffe und vor allem die Menge der Reliquien, die den Menschen damals wertvoller als alles andere schienen. *Hier ist das Haupt dieser Welt (caput orbis), die Wiege jeglichen Ruhms.* Gerhard hat, um dem König zu gefallen, wohl etwas dick aufgetragen, aber er hat sich nicht lächerlich gemacht: Bamberg war tatsächlich in kurzer Zeit zu einem Zentralort des Reiches geworden, der Bildung, Glanz und innere Kraft dieses Reiches repräsentierte.

In seiner Lieblingspfalz verbrachte der Kaiser auch sein letztes Weihnachtsfest im Jahr 1023. Monatelang lag er hier schwer krank darnieder. Im Frühjahr 1024 raffte er sich noch einmal auf und ging auf die Reise. Doch am 13. Juli starb er mit 51 Jahren in Kunigundes Beisein in der Pfalz Grone. Er wurde, so wie er das von Anfang an geplant hatte, im Bamberger Dom begraben, ebenso wie Kunigunde neun Jahre später.

Der neue König, Konrad II. (1024–1039), teilte die Begeisterung seines Vorgängers für Bamberg nicht; in 15 Jahren kam er nur dreimal hierher. Doch Heinrichs Gründung war inzwischen gefestigt genug, hatte ausreichend Bedeutung und inneren Halt, um diese ‚Ungunst‘ zu überstehen. Vor allem als Bildungsstätte begann sie eine immer gewichtigere Rolle zu spielen. Auch dazu hatte der Kaiser den Grund gelegt: Er vermachte Bamberg nicht nur die außergewöhnliche Bibliothek seines Vorgängers, Kaiser Ottos III., sondern auch viele Bücher, die er selbst erwarb oder sich schenken ließ. In den besten Skriptorien bestellte er Manuskripte für die Liturgie im Dom und im Kloster Michelsberg. Die kunstvollsten Prunkhandschriften stammten aus dem Kloster Reichenau. Zehn Reichenauer Handschriften wurden 2004 in das UNESCO-Register „Memory of the World“ eingetragen; allein fünf davon gehörten einst Bamberg. Heinrich II. stiftete eine Schule am Dom und berief zu ihrem Leiter einen anerkannten Gelehrten seiner Zeit, Durandus von Lüttich. Unter ihm und seinen Nachfolgern entwickelte sich diese Schule zum überragenden Bildungszentrum des Reiches. Ihren Absolventen winkte die Aussicht auf eine große Karriere. Ein großer Teil des Reichsepiskopats der folgenden Jahrzehnte ging aus ihr hervor.

Karriere machen und Geld verdienen konnten damals viele in Bamberg. Es war eine Hoch-Zeit für Existenzgründer. Ganz Bamberg muss eine Großbaustelle gewesen sein. Innerhalb von 20 Jahren entstanden drei sehr große Kirchen: 1002–12 wurde der Dom gebaut, 1009–20 St. Stephan, 1015–21 St. Michael, alle prächtig ausgestattet. Für all diese Bauten brauchte man Handwerker wie Steinmetze, Maurer, Gerüstbauer, Dachdecker oder Schreiner. Viele zogen mit ihren Familien nach Bamberg. Dazu kamen die ‚Wanderkünstler‘, die für bestimmte Arbeiten hierher berufen wurden: die Baumeister, Bildhauer, Maler, Goldschmiede und Elfenbeinschnitzer. Einige dieser Werkstätten scheinen sich hier für längere Zeit etabliert zu haben; etwa eine Goldschmiedewerkstatt beim Domstift, die von Heinrich II. eingerichtet worden war. Im Domschatzverzeichnis von 1127 sind fast 700 Stücke aufgezeichnet, die großenteils aus der Zeit Heinrichs stammten, darunter allein fünf goldene Altäre, die dem verheerenden Dombrand von 1081 entgangen waren.

Arbeit genug dürften die Künstler auch neben den kaiserlichen Aufträgen bekommen haben. Denn zu jedem der in Bamberg stattfindenden Großereignisse – den Kirchweihen, Reichstagen, Hoftagen, Synoden und sonstigen Festen – kamen die Reichen und Mächtigen des ganzen Reiches von der Nordsee bis Oberitalien nach Bamberg. Das gab Arbeit für viele Menschen. Ein lebendiger und expandierender Arbeitsmarkt entstand. Die verbesserten Verdienstmöglichkeiten lockten neue Siedler nach Bamberg. Sie alle brauchten eine Unterkunft – die Stadt wuchs ständig.

Die Siedler wohnten zu Füßen des Burgbergs „im Sand", einem schmalen Streifen Schwemmland zwischen den steil abfallenden Felsen des Dombergs und dem Ufer des linken Regnitzarms. Die „Sandstadt" wurde durchzogen von der Sandstraße, Teil einer alten Handelsstraße, die aus dem Westen, aus Würzburg, kam und über den Wildensorger Pass, bewacht von der Altenburg, den Jakobsberg hinunterführte zum westlichen Haupttor der Domburg. Kurz vor dem Tor bildete sie eine Abzweigung, die unter der nördlichen Burgmauer entlang (durch die heutige Aufseesgasse) den Sand erreichte. Am südlichen Ende der „Sandstadt" querte die Straße die Regnitz in einer Furt bzw. mit einer Brücke, die beim Papstbesuch 1020 erstmals erwähnt wird. Davor passierte man eine Mühle, die 1039 *die Mühle am Markt* genannt wird. Neben ihr lag also der Marktplatz der Sandstadt. Er grenzte wohl an den Hafen, wo die Waren für die 1062 erstmals beurkundeten Bamberger Fernhändler ausgeladen wurden, aber zum Beispiel auch die Steine für den Dom und andere Bauten aus den Steinbrüchen der Umgebung. An den Hafen schloss sich die Siedlung der Fischer an, während die Kaufleute und die Ministerialen und hohen Beamten des Bischofs, etwa die Zollner und Münzer, beidseits der Sandstraße wohnten. Vom Marktplatz aus führte eine Straße (heute Ringleinsgasse/Lugbank) nach Süden genau auf den Judenhof mit der Synagoge zu, in dessen Nachbarschaft die Juden viele Häuser besaßen. Etwas oberhalb lag die Pfarrkirche der „Sandstadt" (eine Marienkirche, die Vorgängerin der jetzigen Oberen Pfarrkirche). Himmlischen, aber auch irdischen Schutz, mit Mauern, Toren, Türmen und Dienstmannen, erhielt die Stadt im Süden durch St. Stephan, im Norden durch den Erzengel Michael und sein Kloster auf dem Michelsberg. Die Bürger schützten sich zusätzlich durch eine Stadtmauer, deren Bauzeit unbekannt ist. Im Norden verlief sie von der Burg zum Fluss hinunter entlang der heutigen Elisabethenstraße; der südliche Verlauf ist unerforscht.

Jenseits des rechten Regnitzarmes zog zwischen dem Fluss und dem undurchdringlichen Hauptsmoorwald eine weitere wichtige alte Straße durch den Bamberger Talkessel. Sie begann in Lübeck und führte nach Regensburg und erschloss mindestens seit der Karolingerzeit den Osten des Reiches. An ihr entwickelte sich, wie Ausgrabungen der letzten Jahre enthüllten, im Bereich des Brückenkopfes der späteren Seesbrücke (Kettenbrücke) eine kleinere urbane Siedlung. Sie hieß Theuerstadt, *Tiurstat* (Thüringerstadt?), und wurde noch im 12. Jahrhundert als unabhängig von Bamberg empfunden. Nah bei der Brücke stand an der Straße bereits im 11. Jahrhundert ein großes Steinhaus (Obere Königstr. 3), zwischen dessen Grundmauern teuerste Importkeramik aus dem Rheinland ausgegraben wurde. In *Tiurstat* lebten wohl vor allem Dienstleister für die durchreisenden Kaufleute: Wirte, Schmiede, Stallbesitzer. Durch Bischof Gunther (1057–65) bekam die Siedlung ein geistliches Zentrum. Er gründete 1057 mit Hilfe von Reginold aus dem Geschlecht der Walpoten das Kanonikerstift St. Gangolf.

Das Gebiet zwischen der „Theuerstadt“ und der „Sandstadt“ war einst durchzogen von zahlreichen Seitenarmen der Regnitz. Auf der höchsten Erhebung in diesem wasserreichen Talkessel (heute Maxplatz) stand bei einem Dorf, dem *vicus retro St. Martinum*, das später auch „Altstadt“ genannt wurde, wohl schon seit karolingischer Zeit die Martinskirche.

Dies sind die Grundelemente der ottonischen Stadt, aus denen unter der Leitung einer Reihe tüchtiger Bischöfe in den folgenden Jahrhunderten die Stadt Bamberg entstand.

Papst Clemens II. und seine „süßeste Braut“

Ein sächsischer Adeliger namens Suidger wurde 1040 zum zweiten Bischof von Bamberg ernannt. 1046 begleitete er König Heinrich III. (1046–56) nach Italien. Heinrich beabsichtigte, das Papsttum, das seit mehr als einem Jahrhundert ein Spielball römischer Adelscliquen war, zu reformieren. Er ließ auf der Synode von Sutri am 20. Dezember 1046 die drei rivalisierenden Päpste absetzen und den Bamberger Bischof zum neuen Papst erheben, der den Namen Clemens annahm. Am

25. Dezember 1046 krönte Clemens II. als erste Amtshandlung Heinrich III. und seine Gemahlin Agnes zu Kaiser und Kaiserin. Tatkräftig begann Clemens in den nächsten Monaten mit der erwünschten Reform der Kirche. Doch glücklich wurde er mit seinem hohen Amt nicht.

Liebesbrief an Bamberg

Kein Gatte hat für seine Gattin reinere Treue und glühendere Liebe als Wir für dich. Uns ist es niemals in den Sinn gekommen, dich zu verlassen und einer andern anzuhangen Wir wurden erwählt, obwohl Wir Uns mit allen Kräften dagegen sträubten. Welch namenloser Kummer mich damals erfasste, als ich von deiner Seite, o süßeste Braut, weggerissen wurde, kann ich nicht ausdrücken, schien er Uns doch alles Maß zu überschreiten. Es war nicht die Begierde nach einer so großen Herrschaft, die sich durch die Türe meiner Seele geschlichen hatte. Wir waren glücklich, Wir führten mit dir ein ebenso tätiges wie beschauliches Leben. Und wahre Liebe schaut sowieso weder auf die Gestalt noch den Reichtum einer andern … Aber das innere Auge wird auch durch große Entfernung nicht geschwächt und ich werde alle meine Sorgfalt darauf verwenden, dich zu schützen, meine Freundin, meine Schwester, meine Braut, meine Taube …

Dieses in Auszügen zitierte Schutzprivileg stellte Papst Clemens II. am 24. September 1047 *seiner geliebtesten Tochter*, dem Bistum Bamberg, aus. Zwei Wochen später, am 9. Oktober, starb Clemens im Thomaskloster bei Pesaro.

Sein Leichnam wurde nach seinem Tod nach Bamberg überführt und im Dom bestattet. Das Gerücht, er sei vergiftet worden, konnte auch eine kriminaltechnische Untersuchung seiner Gebeine 1958 nicht entkräften. Er muss ein stattlicher Mann gewesen sein, fast 1,90 Meter groß. Das zeigen auch seine Gewänder, die 1942 dem Grab entnommen und seit 1949 restauriert wurden. Sie sind heute im Diözesanmuseum ausgestellt. Bei der Graböffnung waren die „lichtblonden“

◀ Der zweite Bamberger Bischof Suidger wurde 1046 Papst Clemens II. Nach seinem frühen Tod 1047 wurde er im Bamberger Dom begraben, das einzige Papstgrab nördlich der Alpen. – Bamberg, Dom, Grabfigur Clemens II., um 1225.

Haare des Papstes noch erhalten. Seine Grabtumba auf dem Peterschor und die Figur, die ihn darstellt, gehören zu den berühmten Kunstwerken des 13. Jahrhunderts im Bamberger Dom. Es ist das einzige Papstgrab nördlich der Alpen.

Clemens II. behielt auch als Papst sein ihm vom König verliehenes Bistum Bamberg. Dies kann als Symbol verstanden werden für jene Einheit von Kirche und Reich, die unter Kaiser Heinrich II. ihren Höhepunkt erreicht hatte. Doch sie zerbrach innerhalb weniger Jahrzehnte durch jene Reformen, die Clemens II. eingeleitet hatte.

Der Held und der Lehrer: Gunther und Meinhard

Wenn Bischof Gunther (1057–65) weiterhin so viel esse, werde man ihn eines Tages *mit mechanischen Apparaten* aus Kärnten nach Bamberg zurückwälzen müssen, spottete der Domscholaster Meinhard. In die lieblichen Kärntner Besitzungen Bambergs entwich der Bischof jedes Jahr mehrere Monate, wenn ihm in Bamberg das Klima zu arbeitsam und asketisch wurde. Für dieses Klima sorgte unter anderem sein Freund Meinhard. Er gehörte zu den umfassend begabten Gelehrten seiner Zeit und war seit 1057 der Leiter der Bamberger Domschule, die unter ihm ein international besuchtes Bildungszentrum war. Er kannte die antike und christliche Literatur, und sein Stil galt als so geschliffen, dass seine Briefe, die ihn mit den Großen seiner Zeit verbanden, gesammelt wurden als Material für den Unterricht in der Kunst des Briefeschreibens. Diese Briefe erlauben uns wie durch ein Schlüsselloch einen Einblick in die Lebenswelt an einem Bischofshof seiner Zeit.

Hofnarr und Heldenepen

Bischof Gunther stammte aus dem Hochadel, und die Geistlichen und Laien seiner Umgebung gehörten derselben Gesellschaftsschicht an. Ihre Lebensart war bunt, fröhlich und kultiviert. Man aß gern gut und viel, war wählerisch bei der Auswahl seiner Weine und sprach auch offen über körperliche Genüsse. Als sich Bischof Gunther nach einem Streit mit der

Auf der Wallfahrt nach Jerusalem bekam der Bamberger Bischof Gunther 1064 in Byzanz ein wertvolles Seidentuch geschenkt, in dem er später ins Grab gelegt wurde. – Rekonstruktion des sog. „Gunthertuches". Bamberg, Diözesanmuseum.

Kaiserin Agnes wieder aussöhnte, spöttelte Meinhard, er solle das nicht zu weit treiben; schließlich seien sie beide, Bischof und Kaiserin, im gefährlichen Alter und außerdem dürfe man nicht vergessen, dass Agnes Französin sei und ihre Mutter mehr Liebhaber als Geburtstage gehabt habe. Meinhard verurteilte Gunthers angebliche *Schlafsucht*, seine Liebe zu den Waffen und dass der Bischof, statt Augustin und die Kirchenväter zu lesen, sich an den höfischen Erzählungen von Etzel und Amelung ergötze, die von fahrenden Sängern dargeboten wurden (übrigens die erste Erwähnung dieser Heldenepen der deutschen Literatur).
Die Aufgeschlossenheit für Literatur und Musik am Bischofshof veranlasste auch neue Werke: 1063 schrieb der Bamberger Domherr Ezzo zur Einweihung der Kirche St. Gangolf sein Gedicht über Schöpfung und Erlösung der Welt, zu dem Willo, später Abt des Klosters Michelsberg (1082–85), die Melodie

komponierte: *Der guote biscoph Guntere vone Babenberch, der hiez machen ein vil guot werch.* Diese Dichtung gilt als „Wiederanfang volkssprachlicher Literatur" in einer lateinisch geprägten Bildungswelt.

Gunther muss eine beeindruckende Persönlichkeit gewesen sein, schon rein äußerlich. Als er sich 1064 zu einer Wallfahrt nach Jerusalem aufmachte, da begleiteten ihn mehrere tausend Pilger, auch zahlreiche Bischöfe, die ihn uneingeschränkt als ihren Führer anerkannten. Unterwegs strömten die Menschen herbei, um ihn zu sehen. In Byzanz hielt man ihn für den inkognito reisenden deutschen König und schenkte ihm ein äußerst wertvolles großes Seidentuch aus den kaiserlichen Werkstätten. Der Pilgerzug erreichte nach vielen verlustreichen Abenteuern kurz nach Ostern 1065 endlich Jerusalem. Auf dem Heimweg starb Gunther am 23. Juli 1065 in Ödenburg; man wickelte ihn in das byzantinische Seidentuch, in dem er dann im Dom begraben wurde. Heute wird das „Gunthertuch" restauriert im Diözesanmuseum ausgestellt – Erinnerung an einen bedeutenden Mann und eine große Zeit Bambergs.

So beliebt Gunther bei den Bamberger Domherrn gewesen war, so wenig mochten sie seinen Nachfolger, den Mainzer Kanoniker Hermann I., der 1065 von König Heinrich IV. (1050–1106) das Bistum Bamberg erworben hatte („Simonie"). Die bildungsstolzen Bamberger Geistlichen warfen Hermann vor, dass *er besser Geld zählen konnte, als den Text eines Buches richtig zu verstehen.* Es brachte ihm auch keine Sympathien ein, als er bald nach seiner Ankunft in Bamberg aus eigenem Vermögen das Stift St. Jakob gründete. Im Gegenteil: Als er, ergriffen von den Predigten des Klosterreformers Egbert von Münsterschwarzach, St. Jakob 1075 dem Michelsberg zur Umwandlung in ein Kloster übergab, erzürnte dieser Verlust von ‚Planstellen' die Domherrn so sehr, dass sie Hermann wegen Simonie beim Papst anklagten. Gregor VII. nahm gern jede Gelegenheit wahr, auf Vorgänge im Reich Einfluss zu nehmen. Ihm kam deshalb die pharisäische Anklage der Bamberger Domherrn gerade recht. Er setzte 1075 Bischof Hermann ab, der sich daraufhin nach Kloster Münsterschwarzach zurückzog, wo er 1084 starb.

Otto der Heilige: Bischof und Diplomat

Die Bamberger Domherren waren 100 Jahre nach der Gründung des Bistums eine äußerst anspruchsvolle ‚Clique'. Als sie zu Weihnachten 1102 König Heinrich IV. baten, einen neuen Bischof für Bamberg zu bestimmen, erhofften sie sich einen der einflussreichen Großen aus hohem Haus, der die Besitzungen Bambergs verteidigen und erweitern konnte. Sie akzeptierten nur das Beste. Das bekamen sie auch, sie erkannten es nur nicht gleich. Entsprechend enttäuscht waren sie zunächst, als der König ihnen seinen Kanzler Otto als neuen Bischof (1102–1139) gab.

> **Eine Karriere im 12. Jahrhundert**
> Otto war der Sohn eines armen schwäbischen Ritters. Er hatte aus Geldmangel sein Studium nicht beenden können und war als Lehrer nach Polen gegangen. Er fand bald Freunde in den tonangebenden polnischen Familien und schließlich wurde man auch am Herzogshof auf ihn aufmerksam. Die Herzogin Judith, die ihn wohl schon von früher in Regensburg kannte, nahm ihn als Hofkaplan in ihre Dienste und betraute ihn mit Botschaften an ihren Bruder, den deutschen Kaiser Heinrich IV. Auch der Kaiser erkannte offenbar die Begabung des jungen Mannes. 1097 berief er ihn zum ‚Krisenmanager' am Dombau in Speyer. Die Renovierung dieses riesigen Memorialbaus des Salierhauses war ins Stocken geraten, weil die Bauleiter die zur Verfügung gestellten Gelder veruntreut hatten. Unter Ottos Leitung machte der Bau nicht nur rasche Fortschritte; er konnte dem Kaiser sogar nicht verbrauchte Gelder zurückerstatten. Kein Wunder, dass der dieses Finanz- und Organisationsgenie im Jahr 1102 zu seinem Kanzler ernannte und ihm das nächste frei werdende Bistum anbot.

Nun galt es für Otto, die Bamberger für sich zu gewinnen. Er überlegte sich eine Methode, die zwar gesundheitlich höchst gefährlich war, aber so werbewirksam, dass bis heute davon erzählt wird. Als er sich nach seiner Ernennung im Februar 1103 mit der Delegation der Domherrn Bamberg näherte, stieg er dort, wo man zum ersten Mal den Dom sieht, vom Pferd, zog seine Stiefel aus und ging barfuß durch den Schnee bis zur Domburg. Auch die Begrüßungszeremonien überstand er barfuß. Dann aber *hatte die durchdringende Kälte den Sitz des Lebens, das Herz, fast ganz erfasst.* Hilfsbereit bot man ihm warmes Wasser an. Aber Otto, *der sich in solchen Dingen auskannte*, verlangte kaltes Wasser und blieb gesund.

Mit derselben Entschlossenheit machte er sich an die Reorganisation des Bistums, seiner Finanzen und Ressourcen. Als Erstes ließ er ein Inventar der Bamberger Besitzungen erstellen und forderte Entfremdetes zurück. Er schuf eine neue Verwaltungsordnung durch die Einrichtung einer eigenen Kanzlei und auf geistlichem Gebiet durch die Aufteilung des Bistumssprengels in Archidiakonate. Er trieb die Arrondierung und Vernetzung der Bamberger Besitzungen voran und sicherte sein Territorium durch den Bau von Burgen, die als Gerichtsorte und Verwaltungsmittelpunkte die Machtzentren der jeweiligen Region bildeten. Auch die Klöster dienten neben ihrer seelsorgerischen Aufgabe der verwaltungsmäßigen und wirtschaftlichen Durchdringung des Landes und schufen die notwendige Infrastruktur. Neun Burgen baute oder kaufte er und 27 Klöster wurden von ihm gegründet oder reformiert, auch in fremden Diözesen, wo sie den Bamberger Streubesitz in entfernten Gegenden sicherten.

Das Kloster Michelsberg

Bischof Ottos I. Lieblingsobjekt war das Kloster Michelsberg, für das er nicht nur Eigenklosterherr und Förderer, Reformer und Reorganisator war; an diese Gemeinschaft hatte er auch eine tiefe emotionale Bindung. Er nannte den Michelsberg seinen *liebsten Ruheort*, wohin er sich immer wieder zurückzog. Als Abt setzte er dort seinen in Hirsau geschulten Kanzler Wolfram (1112–23) ein. Wolfram I. machte sich mit kräftiger finanzieller Unterstützung durch Bischof Otto an die Reform des Klosters. Der Michelsberg wurde das reichste Kloster des Bistums. Der Konvent vergrößerte sich von 20 auf 70 Mitglieder, da-

runter auch „Konversen“, Laienmönche. Weibliche Konversen betrieben die dem Kloster gehörenden Hospitäler St. Gertrud und St. Ägidien, die Bischof Otto 1103 und 1110 gegründet hatte.
Schule und Bibliothek des Klosters wurden in die Reform einbezogen. Gleich nach seinem Amtsantritt bestimmte Abt Wolfram einen neuen Bibliothekar, Burchard († 1149). Um einen Überblick über die vorhandenen Bücherschätze zu gewinnen, verfasste dieser einen Katalog, der in dieser Vollständigkeit und Systematik einmalig für das Hochmittelalter ist. Er verzeichnete nicht nur den Buchbestand, sondern auch die Namen jedes Mönchs, der im Skriptorium tätig war, mit den von ihm geschriebenen Büchern. Zwischen 1112 und 1140 stellten nach Burchards Aufzeichnungen 20 Schreiber etwa 200 Codices her, von denen heute noch 14 erhalten sind, vor allem Gebrauchshandschriften für das eigene Kloster, theologische und liturgische Werke.
All das entsprang dem intellektuellen Klima jener Zeit in Bamberg, in dem Bildung, geistige und künstlerische Leistungen einen überaus hohen Stellenwert hatten. Hier entstanden Chroniken, Kaiser- und Bischofsviten, theoretische Abhandlungen zur Zeitrechnung und zur „Ars dictandi“, der Kunst des Brief- und Urkundenstils. Frutolf vom Michelsberg († 1103) verfasste zwei musiktheoretische Werke, zwei Traktate über die Herstellung von Sonnenuhren, berechnete die Polhöhe von Bamberg und entwarf ein Zahlenspiel, mit dem sich die Grundrechnungsarten üben ließen. Sein berühmtestes Werk, die „Weltchronik“, die er 1099 beendete und die zur Grundlage zahlreicher weiterer Chroniken wurde, ist ein Ergebnis seiner intensiven Beschäftigung mit der Komputistik. Mit ihrer Hilfe versuchte man, den Ablauf der Vergangenheit in eine „richtige“ Ordnung zu bringen und den jeweils gültigen Ostertermin zu errechnen, was zu teilweise heftigen Diskussionen unter Frutolfs Schülern führte, Diskussionen, die die alte Autoritätsgläubigkeit aufbrachen und zu neuen Wegen des Denkens führten.

Bischof Ottos I. politische Situation war zunächst schwierig. Er wurde vom Kaiser zum Bischof bestimmt in der Hoch-Zeit der immer giftiger werdenden Auseinandersetzung zwischen Kaiser und Papst. Die Aussicht, vom Papst anerkannt zu werden, war also gering. Otto schrieb an Paschalis II. (1099–1118),

Nach der Heiligsprechung Bischof Ottos I. 1189 wurde sein Grab in der Kirche des Klosters Michelsberg zur viel besuchten Pilgerstätte. – Bamberg, Michelskirche, Grabplatte des hl. Otto von 1288.

er habe aus Misstrauen gegen die Investitur durch den Kaiser zwei Bistümer, die dieser ihm angeboten habe, abgelehnt. Auch das ihm jetzt übertragene Bistum Bamberg werde er keinesfalls behalten, wenn der Papst ihn nicht akzeptiere. *Der Papst freute sich, als er diesen Brief sah, weil sich ihm in jenen Tagen nur wenige Bischöfe des Reiches unterordneten* und weihte ihn eigenhändig zum Bischof, als Otto 1106 als Gesandter Heinrichs V. (1105–1125) nach Rom kam.

Otto muss ein ungewöhnliches Charisma gehabt haben und wurde zu einer der moralisch einflussreichsten Persönlichkeiten seiner Epoche. Er brachte es fertig, in dieser gewalterfüllten Zeit sein Bistum aus allen Kriegen herauszuhalten. Sein diplomatisches Geschick befähigte ihn auch zu seiner größten politischen Leistung, der Vorbereitung des Wormser Konkordats, mit dem im September 1122 der jahrzehntelange, verheerende Investiturstreit beigelegt wurde. Bischöfe und Äbte sollten in Zukunft aus freien Wahlen ihrer Gremien hervorgehen und von Papst und Kaiser mit den geistlichen und weltlichen Rechten versehen werden. Abschluss und Krönung des Wormser Abkommens wurden am 11. November 1122 in Bamberg gefeiert. Die deutschen Fürsten gaben auf diesem glänzenden Hoftag ihre endgültige Zustimmung und die kaiserlichen Gesandten machten sich von hier aus auf den Weg nach Rom.

Zwei Jahre später, im Mai 1124, startete der 60-jährige Otto zu jenem Unternehmen, durch das er am bekanntesten wurde: seine Mission der Pommern. Auf seiner ersten Reise im Auftrag des Herzogs von Polen taufte er über 20 000 Menschen. Doch kaum war er abgereist, kehrten die Menschen zu ihrer alten Religion zurück und wehrten sich gegen die polnische Oberhoheit. Erst Ottos zweite Reise 1128 brachte eine dauerhafte Veränderung der Verhältnisse und ihm den Titel „Apostolus Pomeranorum“, unter dem er heute noch in Pommern verehrt wird.

Am 30. Juni 1139 starb Bischof Otto I. Er wurde auf seinen Wunsch hin auf dem Michelsberg beigesetzt. Drei Lebensbeschreibungen entstanden in den folgenden Jahrzehnten. Sie dienten später als Grundlagen für den erfolgreichen Kanonisationsprozess. Am 10. August 1189 wurde Bischof Otto heilig gesprochen, einer der größten Bischöfe, die Bamberg je hatte, der das Bild der Stadt dauerhaft prägte.

Vom Wachsen der Stadt

Die Stadt Bamberg blühte auf. Unter Bischof Otto I. bekam sie mit der Türmesilhouette ihr hervorragendes Wahrzeichen und mit der Anlage der Inselstadt ihre grundlegende Struktur.

Zunächst waren Türme der Kathedrale vorbehalten. Bischof Otto aber stattete auch die anderen Bamberger Kirchen mit Türmen aus: St. Stephan bekam einen Turm, St. Gangolf zwei und St. Jakob drei Türme. Für seine Grabkirche St. Michael, die weithin sichtbar den nach ihr benannten Hügel krönt, waren sogar vier Türme geplant. Am 3. Januar 1117 brachte ein Erdbeben den Chor der alten Michelskirche zum Einsturz. Knapp 100 Jahre vorher war diese am 2. November 1021 von Bischof Eberhard I. in Anwesenheit von Kaiser Heinrich II. und Kaiserin Kunigunde mit großem Pomp eingeweiht worden. Jetzt boten die Erdbebenschäden Bischof Otto die Gelegenheit, die alte Kirche abreißen und sie im Hirsauer Baustil neu aufführen zu lassen. Nur vier Jahre benötigte man für den Neubau, der am 1. September 1121 geweiht wurde. Auch die Konventsgebäude wurden erneuert und vergrößert. Als Baumeister wird Richolf, eine Laie, erwähnt. Berühmt war die in Bleiröhren gefasste Wasserleitung, die von einer Quelle im Michelsberger Wald ins Kloster führte.

Auf dem benachbarten Jakobsberg stand eine Bauruine, als Otto sein Amt antrat. Das von Bischof Hermann um 1065 gestiftete und 1075 dem Kloster Michelsberg übergebene Stift St. Jakob war nach Hermanns Absetzung nicht weitergebaut worden. Bischof Otto vollendete die Kirche nach dem Vorbild des Domes. Am 5. Juli 1109 wurden Kirche und Konventsbauten eingeweiht. Als Ausstattungsgut schenkte er dem Stift die Altenburg, wo er am 1. Mai 1124 ein „Oratorium" weihte.

In der Nachbarschaft von St. Jakob gründete Otto das

Als Beitrag zum „Tourismus“ seiner Zeit, dem Pilgerwesen, gründete Bischof Otto I. 1110 zu Füßen des Klosters Michelsberg das Ägidienspital, das von Nonnen betrieben wurde. – Kolorierte Federzeichnung um 1470.

Ägidienspital. Das geeignete Grundstück dafür hatte er persönlich auf einem Spaziergang ausgewählt. Das Spital bot Pilgern auf dem Jakobsweg nicht nur Unterkunft und Verpflegung, sondern in seiner Kapelle auch die Möglichkeit, einen Heiligen zu verehren, der zu den bedeutenden „Stationsheiligen“ auf dem Jakobsweg gehörte (St. Gilles). Das gilt auch für den hl. Leonhard, Patron der 1122 geweihten Friedhofskapelle von St. Jakob, wie für die hl. Getreu (Fides, Foy), der der Bischof 1123 eine Zelle nahe beim Kloster St. Michael stiftete. Man konnte in Bamberg den Weg nach Santiago sozusagen im Kleinen nachvollziehen – ein Beitrag Ottos zur Förderung des ‚Tourismus‘ seiner Zeit. Durch den Bau eines Spitals beteiligten sich daran auch die „Georgenbrüder“ (das Domkapitel). Sie errichteten es an der Straße nach Süden, am Kaulberg, und widmeten es dem hl. Theodor, der als Bruder des hl. Georg galt.

Natürlich kam Bischof Ottos Baufreude auch dem Dom zugute. 1081 war die Kathedrale Kaiser Heinrichs II. durch einen Brand schwer beschädigt worden. Jetzt wurde sie umfassend renoviert: Otto ließ die Ostkrypta verlängern, einen neuen Boden legen, die Säulen mit Gipskapitellen schmücken, Bilder anfertigen und das Dach mit Kupfer decken. Auch die Gebäude des Domklosters wurden erneuert. All seinen Kirchen und Klöstern schenkte Otto nicht nur wertvolle Güter, um ihren Unterhalt zu sichern, sondern auch Kunstgegenstände jeder Art: Altäre, Kreuze, Kelche, Elfenbeine, Bücher, Gewänder, Wandteppiche, Gestühle und mehr.

Die Entwicklung der Stadt bekam einen entscheidenden Impuls durch die Anlage einer Neustadt. Sie wurde auf der Insel zwischen den beiden Regnitzhauptarmen gegründet, wo die „Lange Straße“ als Handelsstraße schon existierte. Vielleicht waren einige der platzgreifenden Märkte: der Säumarkt, der Heumarkt, der Holzmarkt, der Pferdemarkt schon vorher aus der zunehmenden Enge der Sandstadt auf die freien Flächen der Insel verlagert worden. Der Hauptmarkt wurde nun an der Verbindung der „Langen Straße“ mit der alten Handelsstraße durch die *Tiurstadt* angelegt. Damit gab es zwei Marktplätze in Bamberg, den der Altstadt an der Sandstraße und den neuen Markt, später „Grüner Markt“ genannt, so wie Gottfried von Viterbo das 1135 beschreibt. Bischof Otto erwarb das Marktrecht und Grundstücke zu beiden Seiten des Flusses. Damit wurde der Bamberger Bischof der Herr der gesamten Stadt, der außerdem über den wertvollsten Grundbesitz verfügte.

Im 12. Jahrhundert begannen sich in Bamberg die Gewichte zu verlagern: Der Gemeinschaft der Geistlichen erwuchs in der attraktiven Laienstadt allmählich ein Konkurrent um Macht und Einfluss. 1124 wird das erste Mal ein Schultheiß *(centurio)* genannt, der im Auftrag des Bischofs für die Verwaltungsgeschäfte in der Stadt zuständig war. Immer öfter tauchen seit dieser Zeit Bamberger Bürger in Urkunden auf. Neben der alten Sandstadt gewann die Siedlung auf der Insel ständig an Bedeutung. Ein direkter Zugang vom Regierungszentrum, der Domburg, zum neuen Wirtschaftsmittelpunkt, dem Markt der Neustadt, wurde notwendig. Damals wurde die „Untere Karolinenstraße“ angelegt, 1323 als „Schütt“ bezeichnet, also als künstliche Rampe auf den steil abfallenden Burgfelsen. Dort, wo diese Straße auf den Fluss stößt, wurde vor 1150 eine Brücke gebaut, die, wie Ausgrabungen des Jahres 1994 zeigten, eine phantastische technische Neuerung ihrer Zeit war.

Eine der modernsten Brücken ihrer Zeit
Seit den Römern hatte man die Technik, steinerne gewölbte Brücken zu bauen, vergessen gehabt. Erst die mit Beginn des 12. Jahrhunderts wachsende Fähigkeit, Kathedralen mit Gewölben zu überspannen, schuf die Voraussetzung für den Bau von Steinbrücken, wohl nach dem Vorbild der Römerbrücke in Trier. Die erste solche Brücke baute der Dombaumeister Ezzelin 1133 in Würzburg; erhalten blieb nur die Brücke von 1135 in Regensburg. Es scheint eine spezialisierte Truppe für diese Bauaufgabe gegeben zu haben und es liegt nahe, dass Otto, der für alle technischen Neuerungen begeistert war, diese zum Bau der neuen Brücke nach Bamberg holte, auch wenn seine Biografen, deren Augenmerk mit Vorliebe auf kirchliche Belange gerichtet war, nur ganz allgemein den Bau von Straßen und Brücken erwähnen. Die neue „Obere Brücke“ wurde durch einen Turm in ihrer Mitte geschützt, der der Kern des heute so berühmten Brückenrathauses wurde.

In einem stetigem Prozess begannen die verschiedenen Stadtteile – die geistliche Stadt auf den Hügeln, die Altstadt im Sand, die Neustadt auf der Insel und die Theuerstadt im Osten – aufeinander zuzuwachsen. Heimo von St. Jakob († 1139) bemerkte, dass die fünf Kirchen Bambergs – St. Stephan, St. Michael, St. Jakob, St. Gangolf und der Dom – in Kreuzesform angeordnet sind. Man glaubte, dass so der Schutz des Himmels über die Stadt gespannt sei.

Barbarossas Diplomat: Eberhard II.

Bischof Eberhard II. (1146–1170) war ein glänzender Jurist, ein hervorragender Philosoph und Theologe und ein bedeutender Politiker. Der um 1100 geborene Sohn eines bayerischen Adeligen besuchte die berühmte Bamberger Domschule und studierte dann Jura, wohl in Bologna. Ab 1127 ist er als Bamberger Domherr nachweisbar. Er erlebte also Bischof Otto I. aus nächster Nähe, seine politischen, wirtschaftlichen und missionarischen Erfolge, seine grundsätzlichen Bemühungen um Ausgleich.

Als Otto 1139 gestorben war, machten die Domkanoniker erstmals von ihrem durch das Wormser Konkordat festgelegten Wahlrecht Gebrauch. Sie wählten den Domdekan Egilbert (1139–1145), in dessen Amtszeit die Aufsehen erregende Heiligsprechung Kaiser Heinrichs II. am 12. März 1146 fiel. Die Bamberger hatten sich intensiv um diese Kanonisation bemüht, unterstützt von König Konrad III., der in Heinrich II. ein Vorbild sah. Doch schon am 29. Mai 1146 starb Egilbert. Noch am selben Tag wählte das Domkapitel Eberhard zu dessen Nachfolger. Am nächsten Jahrestag des heilig gesprochenen Kaisers, am 13. Juli 1147, ließ Eberhard Heinrichs Grab öffnen und die Gebeine „zur Ehre der Altäre erheben". Es wurde nur ein relativ kleines Fest, da König Konrad III. und die wichtigsten Reichsfürsten sich seit Mai 1147 auf dem unglücklichen 2. Kreuzzug befanden. Dieser erste staufische König hatte eine besondere Beziehung zu Bamberg: hier hatten er und sein Bruder sich 1135 Kaiser Lothar III. unterworfen, hier wurde er kurz nach seiner Wahl zum König 1138 von den versammelten Reichsfürsten anerkannt. Danach kam er achtmal nach Bamberg, das letzte Mal im Februar 1152, schwer krank. Bei ihm war sein Neffe, Herzog Friedrich von Schwaben, dem er seinen kleinen Sohn anvertraute und die Reichsinsignien übergab, bevor er starb. Obwohl seine Verwandten Konrad III. in Lorch beerdigen wollten, bestand der Bamberger Klerus darauf, ihn am 18. Februar 1152 im Dom zu bestatten, wo er heute noch ruht.

Schon zwei Tage später verhandelten Herzog Friedrich von Schwaben und die Bischöfe von Bamberg und Würzburg über die Königswahl des Herzogs. Friedrich und Eberhard, der 30-jährige Herzog und der 50-jährige Bischof, scheinen sich gut verstanden zu haben. Eberhard wurde in den folgenden Jahren zu einem der wichtigsten Berater König Friedrichs I. Barbarossa (1152–90). Der Kampf um die Vorherrschaft zwischen Kaiser und Papst führte in den folgenden Jahrzehnten zu heftigen Konflikten. Immer wieder bemühte sich Eberhard, die Wogen zu glätten. Von 1158 bis 1162 war er, der fließend Italienisch sprach, ununterbrochen in Italien. Barbarossa belohnte seine Arbeit unter anderem mit Handelsprivilegien für die Bamberger Kaufleute. Am 6. April 1157 verfügte er die Aufhebung der Mainzölle zwischen Bamberg und Mainz. Am 13. März 1163 verlieh er den Bamberger Kaufleuten dieselben Sicherheiten und Freiheiten, wie sie die Nürnberger bereits im ganzen Reich genossen.

Doch neben Eberhard gewann der streitbare Rainald von Dassel immer mehr Einfluss. Eberhard zog sich nach Bamberg zurück, vertiefte sich in theologische Streitgespräche mit Gerhoh von Reichersberg und anderen, die in ihrer Zeit großes Aufsehen erregten. Und er arbeitete weiter am territorialen Ausbau seines Bistums durch den Erwerb und Bau von Burgen. Der Krieg um die Giechburg mit der ehrgeizigen Familie der Andechser war gleichzeitig ein Kampf um die Vorherrschaft in Oberfranken, der erst 1149 mit einem Kompromiss beigelegt wurde. 1160 besaß Bamberg neun mächtige Burgen in Franken und fünf in Bayern, Österreich und Kärnten.

Dazu konnte Eberhard noch die Burg Höchstadt erwerben. Er gewann Gertrud, die Witwe des Grafen Hermann von Höchstadt-Stahleck und Schwester König Konrads III., ihm die Burg zu schenken. Sie war für ihn ein wichtiges Faustpfand in den Auseinandersetzungen mit dem Nachbarbistum Würzburg. Im Gegenzug übergab er Gertrud das Spital am Kaulberg, das er zum Kloster St. Theodor erhob. Von dem damals begonnenen repräsentativen Kirchen- und Klosterbau sind Teile bis heute im Karmelitenkloster erhalten.

Tod in Venedig: Hermann II.

Ein entschiedener Förderer des Klosters St. Theodor war der Bamberger Domherr Hermann von Habsberg, ein Verwandter der Höchstädter. Nach dem Tod Eberhards am 17. Juli 1170 wurde Hermann (1170–1177) zum neuen Bischof gewählt. Er bestimmte St. Theodor zu seiner Begräbnisstätte und ließ an seiner Memorialkirche zwei Türme erbauen. Damals spaltete ein Papstschisma die europäische Welt. Erst im Jahr 1177 versöhnte sich Barbarossa mit Papst Alexander III. und lud die Reichsfürsten zum so lange ersehnten Friedensschluss ein. Er sollte feierlich in Venedig verkündigt werden. Bischof Hermann II. reiste mit einer Delegation von Bamberger Geistlichen und 100 Soldaten in die Lagunenstadt. Am 24. Juli 1177 landete der Kaiser auf der Galeere des Dogen auf dem festlich geschmückten Markusplatz, küsste dem lange befehdeten Gegner die Füße und wurde vom Papst zum Friedenskuss aufgehoben. Bischof Hermann hat diese dramatische Szene schon nicht mehr erlebt: Er war am 12. Juni gestorben und wurde zunächst im Markusdom beerdigt. Nach dem Friedensschluss brachten die Bamberger die Leiche nach Bamberg, wo sie in St. Theodor beigesetzt wurde. Das kunstvolle Grabmal wurde bei der Barockisierung der Kirche verschüttet und liegt bis heute als ungehobener Schatz unter dem Boden des Chors.

Der erste Bamberger Meranier-Bischof: Otto II.

Mit Hermanns Nachfolger Otto II. (1177–96) begann die Phase der Andechs-Meranier auf dem Bamberger Bischofsthron. Ein Angehöriger dieses Geschlechts hatte im 11. Jahrhundert eine Erbtochter des letzten Schweinfurter Markgrafen geheiratet. Mit Geschick und Ehrgeiz war die Familie zum gefährlichsten Konkurrenten des Bamberger Bischofs um die Macht am Obermain geworden. Die Wahl Ottos II. beendete den zähen Konflikt. Otto II. wurde der Reichsbischof par excellence. Er hat sich um die Belange seines Bistums, vor allem die Territorialisierung, klug und aufbauend gekümmert und war gleichzeitig fast jedes Jahr am Hof des Kaisers beratend tätig. Immer wieder reiste er im Auftrag Barbarossas zu Verhandlungen mit den Päpsten nach Rom.

Der zweite Bamberger Heilige
In Rom brachte Bischof Otto II. auch sein Lieblingsprojekt wiederholt zur Sprache: die Heiligsprechung seines Vorgängers, Bischof Ottos I. Schon wenige Jahre nach seiner Wahl hatte er mit seinem Freund, Abt Wolfram II. von Michelsberg, besprochen, wie sie die Kanonisation des allseits Verehrten erreichen könnten. Abt Wolfram reiste persönlich nach Polen, um von dort

Berichte über das Wirken des „Pommernapostels“ einzuholen. Außerdem sammelte man Zeugnisse und Briefe aus allen von Otto gegründeten Klöstern und Kirchen. Diese Dokumente wurden zusammen mit den Biografien Ottos I. an der Kurie als Grundlage für den Antrag zur Heiligsprechung vorgelegt. 1189 konnten sich die Bamberger endlich durchsetzen.
Am 30. September 1189 wurde auf dem Michelsberg in einem rauschenden Volksfest die Reliquienerhebung des heiligen Otto gefeiert. Schon in der Nacht vorher öffneten die Geistlichen das Grab im Chor der Michelskirche, um vor Überraschungen sicher zu sein. Dann wurden die Gebeine, die nach der Kanonisation mehr als Gold wert waren, in einem neuen Hochgrab deponiert mit Ausnahme jener Stücke, die an die zahlreich anwesenden Äbte und Geistlichen gegeben wurden. Dieser „breit gestreute Reliquienausstoß“ führte zum Bekanntwerden des Ottokultes und in den folgenden Jahren zum erwünschten lukrativen Zustrom von Pilgern zum Grab des neuen Heiligen.

Bischof Otto II. gehörte zu den mäzenatischen Fürsten seiner Zeit. Eine Reihe von Kunstgegenständen, vor allem Handschriften mit qualitätvollen Miniaturen, kann mit ihm in Verbindung gebracht werden. Ihr Charakteristikum ist der bewusste Bezug auf die Zeit Kaiser Heinrichs II. Mit solch „kaiserlichem Glanz“ wollten die Andechser die hohe fürstliche Stellung der eigenen Familie betonen, die seit 1180, als Barbarossa ihnen den Herzogstitel „von Meranien“ verliehen hatte, zur Spitzengruppe des europäischen Hochadels gehörte.

Stolz und Ansehen der Familie repräsentiert auch der Domneubau. Auslöser dafür war ein Unglück. Im August 1185 gerieten der Dom und seine ganze Umgebung in Brand. Das Feuer richtete erhebliche Schäden in Burg und Stadt an. Am Dom war der Ostchor besonders betroffen und wurde zunächst notdürftig repariert. Doch Otto II. war nicht der Mann, sich mit Reparaturen zufrieden zu geben. Noch im selben Jahr verpfändete er ein Dorf und verwendete die dafür erlösten 55 Mark zur *Errichtung des Münsters*. Der neue prächtige Bau wuchs 20 Meter östlich vom geflickten, später abgebrochenen Ostchor des Heinrichsdomes in die Höhe und hatte wohl 1201 den Anschluss an das Langhaus des alten Domes

Bischof Otto II. aus der Familie der Andechs-Meranier ist wohl der Stifter des Bamberger Domostchors, in dem er 1196 bestattet wurde. Ihn dürfte die Bischofsfigur ganz links im Tympanon des Gnadenportals darstellen.

erreicht. Vor dem Philippus-Jakobus-Altar im neuen Ostchor wurde Otto II. nach seinem Tod am 2. Mai 1196 begraben. Das Gnadenportal des Doms zeigt im Tympanon u. a. den hl. Georg, der einen Bischof an der Hand in den Kreis der Heiligen führt. Es macht Sinn, dies als Erinnerung an Bischof Otto II., den Initiator des Ostchors, zu sehen.

Nach seinem Tod wählten die Domherrn ihren Propst Thiemo zum neuen Oberhirten. Er muss ein geschickter Wirtschaftsfachmann gewesen sein. Nach eingehenden Beratungen mit allen Betroffenen erhob er eine „Steuer“. Es war das erste Mal, dass ein Bamberger Bischof zu einer solchen Maßnahme griff und kann nur mit dem hohen Geldbedarf für den Dombau erklärt werden, wo er angeblich die (Ost-)Türme des Doms vollenden ließ.

Ein Königsmord und ein neuer Dom: Ekbert I.

Als 1203 der junge Dompropst Ekbert von Andechs-Meranien zum neuen Bischof erwählt wurde, da geschah das nicht nur deswegen, weil er ein Mitglied seiner einflussreichen Familie war, sondern auch auf Grund seiner persönlichen Eigenschaften. *Fleiß und Tüchtigkeit* bezeugten ihm seine Wähler, die Bamberger Domherrn. Doch diese Eigenschaften konnte er in den ersten Jahren seiner Regentschaft nicht effektiv einsetzen. Sie wurden überschattet vom staufisch-welfischen Thronstreit und der Rolle des Papstes in diesem Kampf. Das begann damit, dass Papst Innozenz III. die Wahl Ekberts zunächst nicht anerkennen wollte, da er ein Anhänger der Staufer war, und es kulminierte im Königsmord von 1208.

Das Jahr 1208 begann zunächst gut für die staufische Königsfamilie und ihre getreuen Gefolgsleute, die Andechs-Meranier: König Philipp (1198–1208) hatte seinen Gegner, den Welfen Otto, fast vollständig besiegt, mit dem Papst war ein Modus Vivendi gefunden, die meranischen Besitzungen waren riesig, wohl geordnet und ertragreich, die Töchter des Hauses mit Königen und Fürsten verheiratet oder Äbtissinnen wichtiger Klöster, alle Männer der Familie hatten höchste Stellungen. Der Höhepunkt ihrer Karriere sollte die Hochzeit von Herzog Otto VII. von Meranien mit Beatrix, der Nichte König Philipps, werden. Ihre Mitgift war das größte, wichtigste und einträglichste Lehen, das der König damals zu vergeben hatte: die Pfalzgrafschaft Burgund. Doch die schärfsten Konkurrenten der Meranier, die Wittelsbacher, verwandelten das Fest in eine Katastrophe.

Der Königsmord

Zum Top-Event des Jahres 1208, der Hochzeit von Herzog Otto von Andechs-Meranien mit Beatrix von Burgund, versammelten sich die Großen des Reiches von nah und fern in Bamberg. Am Tag des Hochzeitsfestes, dem 21. Juni, traute der Bruder des Bräutigams, Bischof Ekbert, das Paar im Bamberger Dom. Anschließend belehnte König Philipp den Herzog in einem feierlichen Akt mit der burgundischen Herrschaft. Nach einem üppigen Mittagsmahl reisten die Jungvermählten ab. Der König begleitete sie noch bis vor die Stadt, dann kehrte er in die Pfalz des Bischofs zurück.
Es war drei Uhr nachmittags. Philipp ging in seine Gemächer, um zu ruhen. Da kamen drei Männer vor seine Tür: Pfalzgraf Otto von Wittelsbach, sein Vetter Herzog Ludwig I. von Bayern

und Markgraf Heinrich von Istrien, ein Bruder von Bischof Ekbert. Otto klopfte und wurde eingelassen. *Als Philipp von ihm, wie gewohnt, Witze und Albereien erwartete, zog er plötzlich sein kurzes Schwert, mit dem er umgürtet war und antwortete, als Herr Philipp ihm verbot, mit dem Schwert herumzuspielen: ‚Dies wird auch kein Spiel für dich sein!'* Der Pfalzgraf war wütend. Philipp hatte ihn, wie er glaubte, im Kreis der Fürsten lächerlich gemacht und seine Ehre unheilbar verletzt. Otto, der für seinen Jähzorn und seine unbeherrschte Grausamkeit bekannt war, durchbohrte den König mit dem Schwert. Der Mörder entkam – an diesem heißen Samstagnachmittag hatte sich wohl nicht nur der König zum Mittagsschlaf zurückgezogen. Die Nachricht von der Ermordung Philipps muss in der friedlich dösenden Burg Verwirrung und lähmendes Entsetzen verbreitet haben. Nur Herzog Ludwig von Bayern durchschaute die Situation. Durch das Verbrechen des Pfalzgrafen war die gesamte Stellung der Wittelsbacher gefährdet, die seit 1180 mit dem Herzogtum Bayern belehnt waren. Ludwig musste also unbedingt den Verdacht von seiner Familie weg auf andere lenken. Wer eignete sich besser dafür als seine schärfsten Konkurrenten in Bayern, die Andechs-Meranier? Obwohl Ludwig bisher ebenfalls ein Anhänger der Staufer gewesen war, ging er jetzt sofort zum welfischen Gegenkönig Otto IV. über. Außerdem klagte er die beiden Meranier Bischof Ekbert und seinen Bruder Heinrich von Istrien der Mitschuld am Königsmord an, weil sie den Mörder hätten entkommen lassen. Daraufhin bannte der neue König Otto IV. die beiden und sprach Herzog Ludwig den Großteil der meranischen Besitzungen zu. Ekbert und Heinrich flohen nach Ungarn. Erst 1211 erklärten päpstliche Legaten in einer Gerichtsverhandlung in Bamberg Ekbert für unschuldig und setzen ihn wieder in sein Bistum ein.

Auch in den folgenden Jahren war Ekbert selten in seinem wiedergewonnenen Bistum. 1217/18 ging er mit seinem Bruder, Herzog Otto VII., auf einen Kreuzzug. Erst nach seiner Rückkehr kümmerte er sich intensiver um die Pflichten seines Bischofsamtes, stellte eine große Anzahl von Urkunden aus und befasste sich wohl auch mit den Planungen des Dombaus. 1225 beschaffte er durch die Vergabe der Bamberger Lehen in der Ortenau an Kaiser Friedrich II. eine große Menge Geld, die ausdrücklich für den Bau bestimmt war. Im selben Jahr

Der Domplatz Anfang des 19. Jahrhunderts. –
Ölgemälde von Franz Sebastian Scharnagel 1824/37.

wurde mit neuen, in Reims geschulten Kräften das Fürstenportal fertig gestellt. 1229 weihte Bischof Ekbert den Marienaltar im Querschiff des neuen Doms und machte eine Stiftung zur Erinnerung an sich und den Baumeister Wortwinus. Doch die alltäglichen Probleme des Baugeschehens hat er dem Domkapitel, an dessen Spitze seit 1206 sein Onkel Boppo stand, überlassen. Denn er war, wie vor ihm sein Vorfahr Bischof Otto II., in erster Linie Politiker im Dienst des Kaisers. Für ihn war er seit 1220 beinahe ununterbrochen als Militär und Diplomat tätig.

Die Weihe des Doms war wohl für den 6. Mai 1233 geplant, wie eine Ablassurkunde nahe legt. Am 6. Mai war auch der Dom Kaiser Heinrichs II. geweiht worden. Doch die Einweihung verzögerte sich um weitere vier Jahre, einmal, weil

Ekbert auf einem Kriegszug in Gefangenschaft geraten war, einmal wegen der Heiligsprechung seiner Nichte Elisabeth. Schließlich wurde der 6. Mai 1237 als Weihetermin festgesetzt und die benachbarten Bischöfe dazu eingeladen. Aber wieder konnte Bischof Ekbert nicht kommen. Er war Ostern 1237 von Kaiser Friedrich II. in Österreich als sein Statthalter eingesetzt worden, in einer militärisch und politisch gefährlich instabilen Lage. In dieser Situation konnte Ekbert seinen Posten nicht verlassen. Aber die Domherrn wollten jetzt wohl endgültig nicht mehr länger warten und baten die anwesenden Bischöfe, den Dom zu weihen. Zu einer Auseinandersetzung mit Bischof Ekbert in dieser Frage kam es nicht mehr, da der etwa 65-Jährige am 5. Juni 1237 in Wien starb.

Von Kemenaten und Stadtmauern

Der hohe Dom ist das Symbol für jene glückliche Zeit in der Stadtentwicklung Bambergs, als der Bischof, das Domkapitel und die Bürgerstadt noch eine Einheit bildeten. In jenen „goldenen Jahrzehnten" brodelte Bamberg von Betriebsamkeit und sozialer Mobilität, gefördert von den Andechs-Meraniern, die in allen ihren Ländern die aufblühenden Städte unterstützten, da sie erkannt hatten, wie nutzbringend diese neuen Wirtschaftskräfte werden konnten.

Nach den großen Bränden von 1185 erfasste ein Bauboom die Stadt. Um 1200 begannen die Bürger mit dem Umbau der kleinen (karolingischen) Martinskirche zu einer repräsentativen städtischen Pfarrkirche (auf dem jetzigen Maxplatz). Daneben entstand das erste von Bürgern, den Tocklern, 1203 gestiftete Spital, das Katharinenspital. Zur selben Zeit begann auch der Bau der ersten Stadtmauer auf der Insel. Sie umgab in einem Oval das Zentrum der Inselstadt und dürfte um 1265 fertig gestellt gewesen sein. Eine solche Baumaßnahme ist sehr teuer und arbeitsaufwändig und erfordert als Basis eine stabile, gut organisierte und wohlsituierte Bürgerschaft.

An deren Spitze standen die Offizialen, die Dienstleute des Bischofs, die Manager des bischöflichen Hofbetriebs. Ihre

Funktionen wurden zu Familiennamen und hielten sich lange unter den führenden Familien der Stadt: die Kammermeister, Kellner, Koch, Mehlmeister, Forstmeister, Münzmeister und Zollner, die Goldschmied und Eseler. Im Lauf des 11. und 12. Jahrhunderts wurden sie mit ihren wachsenden Aufgaben sozial und wirtschaftlich immer stärker. Sie konnten sich in der Stadt und auf dem Land sehr viele Grundstücke kaufen und näherten sich in ihrer Lebensweise den Adeligen an. Die meisten sind mit Wohnsitzen im Bereich unmittelbar unterhalb der Burg nachweisbar.

Diese reichen Familien mit ihrem gesteigerten Anspruch an Repräsentation, aber auch mit einem gewachsenen Sicherheitsbedürfnis, begannen ab dem 12. Jahrhundert mit dem Bau von Steinhäusern, während die große Masse der städtischen Häuser aus Holz errichtet war. In den Stadtburgen der Offizialen lagen auf großen Grundstücken verschiedene Gebäude geschlossen um einen Hof; einige Bamberger Domherrnkurien sehen heute noch so aus. Die mächtigsten Familien leisteten sich auch noch einen Turm wie den von Schloss Geyerswörth. Rudimentär erhalten ist z. B. das Turmhaus der Wagenmacher des Bischofs in der Habergasse. Diese Hofanlagen hatten ursprünglich auch eine Schutzfunktion: Oft lagen sie nahe den Stadtmauern oder in den Erweiterungsgebieten vor den Mauern wie im Bach, unter St. Stephan oder in der Nähe der Mühlen.

In der Neustadt auf der Insel lebte bevorzugt die zweite Gruppe sozialer Aufsteiger dieser Zeit, die Kaufleute, darunter die Familien Anshalm, Braunwart, Gundloh, Haller, Sigrezzer und Tockler. Deren Häuser um den Markt herum dürften dem Typ des „Kaufmannshauses“ angehört haben. Die Grundstücke in der Neustadt waren von Anfang an viel schmaler und die Häuser vorn an der Straße stießen rechts und links an ein Nachbarhaus an. Sie bestanden aus Holz und sind verschwunden, erhalten blieb aber vereinzelt ein steinernes, mehrere Stockwerke hohes Gebäude hinter dem Vorderhaus, in dem wertvolle Waren feuersicher lagerten. Die Obergeschosse dieser Steinwerke wurden, als auch die Kaufleute ihre Lebensweise der des Stadtadels anglichen, oft zu Wohn- und Repräsentationszwecken ausgebaut, mit einem Kamin versehen und deshalb Kemenate genannt.

Auch die Klöster und Stifte und die geistlichen Herren der Stadt ‚modernisierten‘ ihre Gebäude. Die Türme von St. Stephan, St. Jakob und St. Gangolf wurden von Pröpsten aus dem Hause Andechs-Meranien erneuert und erhöht, der Michelsberg und das Frauenkloster St. Theodor weiter ausgebaut, ebenso die Pfalz des Bischofs, die „Alte Hofhaltung“. Die Franziskaner siedelten sich 1223 in der Hallstadter Straße, weit außerhalb der Theuerstadt, an und die Templer bauten sich in der Nähe des Judenhofs (auf der jetzigen „Schranne“) ein großes Steinhaus.

Rechtsvorgänge untermauerten die positive Entwicklung. 1189 fiel die Marktvogtei Bambergs an den Bischof zurück, der damit unmittelbarer Gerichtsherr der Stadt wurde. 1234 gab der König den Bamberger Bürgern das Recht, nur vor ihrem eigenen Stadtgericht zur Verantwortung gezogen werden zu dürfen, was ihnen eine starke rechtliche Stellung verlieh. 1245 erhielten sie vom Kaiser einen Jahrmarkt, der vom 1. Mai an drei Wochen dauerte. Zum Bild verdichtet sich der Aufstieg der Stadt in dem um 1220 verliehenen Bamberger Stadtsiegel. Es zeigt den hl. Georg, der einen Schild mit dem Adler der Andechs-Meranier hält. Der „Stadtritter“ ist die Verkörperung des neuen Selbstbewusstseins der Bürger. Mit ihm ist Bamberg tatsächlich Stadt geworden.

Der „Stadtritter“, die Wappenfigur des um 1220 verliehenen Bamberger Stadtsiegels, verbildlicht die „Stadtwerdung“ Bambergs. Die Gemeinschaft der Bürger hat damit ein eigenes Abzeichen.

Abgesang

Mit dem Tod Bischof Ekberts löste sich das enge Verhältnis der Bamberger Bischöfe zur Krone. Seit seiner Gründung war Bamberg kaisertreu gewesen. Doch 1239 verbündete sich Bischof Boppo von Andechs-Meranien (1237–42) mit den Feinden Kaiser Friedrichs II. (1212–50). Er war damals schon über 70 Jahre alt und kam vor allem mit den finanziellen Problemen seiner Aufgabe nicht mehr zurecht. Während der vergangenen Jahrzehnte war in Bamberg für die vielen Feste und Feierlichkeiten, die höfische Repräsentation, die die Andechs-Meranier ihrem fürstlichen Rang schuldig waren, aber vor allem für die großen Baumaßnahmen viel Geld ausgegeben worden. Auch mit den Verpfändungen von Bamberger Besitzungen wurde Boppo der Schulden nicht mehr Herr. 1242 wurde er wegen seines *Treuebruchs* und der *Verschleuderung von Bistumsgut* durch ein kaiserliches Gericht seines Amtes enthoben. Er resignierte und starb 1245. Drei Jahre später endete mit dem Tod Herzog Ottos VIII., der 1248 ohne männlichen Erben starb, die Epoche der Andechs-Meranier in Oberfranken. Es war für Bamberg die letzte große Zeit auf der Bühne der Weltpolitik.

Der Kampf der Bürger um Selbstständigkeit (1250–1450)

Die Bürger und ihre „Stat“

Unübersehbar rückt seit etwa 1250 das Bamberger Bürgertum, das bisher im Schatten der großen Ereignisse auf dem Domberg stand, ins Rampenlicht. 1291 wird die *universitas civium*, die Bürgerschaft, erstmals genannt. Die Selbstorganisation der Stadtgemeinde bekam jetzt dauerhafte Strukturen. Seit 1300 wird ein von den Bürgern gewählter, wenn auch vom Bischof eingesetzter Stadtrat erwähnt. Von 1306 stammt das älteste Rechtsbuch der Stadt. Das Stadtgericht war ein so grundlegendes Element des städtischen Selbstverständnisses, dass der Wohnort der Bamberger Bürger jahrhundertelang als „Statgericht“ bezeichnet wurde. Die handelnde Gemeinschaft der Bürger hieß „Stat“, die aber neben dem Bischof, dem Domkapitel und den Immunitäten nur ein Element im sozialen Geflecht Bambergs war.

Hugo von Trimberg (1235–1313)
Hugo war ein Laie mit einer großen Familie. 1260 kam er als Lehrer an die Stiftsschule St. Gangolf in Bamberg und leitete sie als Rektor bis 1300. Er entwickelte eine umfangreiche literarische Tätigkeit; nach eigenen Angaben schrieb er sieben deutsche und fünf lateinische Werke. Ein Bestseller des Mittelalters wurde sein „Renner“, ein Gedicht mit etwa 24 600 Versen über die sieben Hauptsünden. Er kritisiert darin scharf und satirisch Hochmut und Heuchelei der gehobenen Stände, vor allem des Adels und der Geistlichen. Sein Engagement für die Laienbildung und die Aufwertung der Volkssprache machen ihn zu einem Repräsentanten für den Aufstieg des Stadtbürgertums zu einer selbstständig denkenden und handelnden Gesellschaftsgruppe.

In enger Gemeinschaft mit den Städtern lebten die Bettelorden. Sie hatten im Gegensatz zu den alten Orden keine Ländereien, sondern existierten von den direkten Spenden der Bürger. Diese fanden in den Bettelordenskirchen repräsentative Grablegen, die Predigten der Mönche kamen ihren spirituellen Bedürfnissen entgegen, die Frauenorden nahmen ihre Töchter und Witwen auf. 1273 ließen sich die Karmeliten in der Austraße, in der Nähe des Marktes („Grüner Markt“) nieder und übernahmen das Feld der Seelsorge in der Neustadt auf der Insel (Abbruch von Kloster und Kirche ab 1686). Die Dominikaner, Träger der Inquisition, wurden von Bischof Wulfing von Stubenberg (1304–18), selbst ein Dominikaner, nach Bamberg berufen. Sie bekamen einen besonders exklusiven Bauplatz am Marktplatz der alten Sandstadt, dort, wo vorher das Stadtgericht gelegen hatte. 1310 war der Neubau des Klosters fertig. Nach einem großen Brand, der die Sandstadt um 1330 heimsuchte, konnten die Mönche zahlreiche Grundstücke im Umkreis erwerben und Kirche und Kloster erweitern. Die Dominikanerkirche St. Christoph (heute Aula der Universität) wurde 1417 vollendet.

1312 wurden die Templer vom Papst verboten und in dieser Zeit überall in Europa verfolgt. Auch in Bamberg verschwanden sie, und ihre reichen Besitzungen, die den Neid vieler erregt hatten, wurden an andere vergeben. So etwa der Bruderwald, der damals vom Bischof dem Domkapitel überlassen wurde. Das „Steinerne Haus“ der Templer zwischen der Brudermühle und dem Judenhof bekamen die Franziskaner, die damit zu direkt benachbarten Konkurrenten der Dominikaner wurden. Sie bauten eine langgestreckte Kirche, St. Anna, deren Chor 1374 geweiht wurde (Abbruch 1811). Von den Templern übernahmen sie die Grablegen einflussreicher Familien, so die der mächtigen Grafen von Schlüsselberg oder reicher Patrizier wie der Geyer, Goldschmid oder Lorber.

Auf billigen Grundstücken am Stadtrand ließen sich nur die weiblichen Zweige der Bettelorden nieder: 1340 bezogen die Klarissinnen ihr Kloster im Zinkenwörth, das von den Bamberger Bürgertöchtern Katharina Zollner vom Brand und Kunigunde Hutwan gestiftet worden war. Mitten in den Gärt-

Seit 1338 entstand der Neubau der „Oberen Pfarre“ gleichzeitig mit dem der zweiten Pfarrkirche des mittelalterlichen Bamberg, St. Martin (Abbruch 1804). Sie symbolisieren die gestiegenen Repräsentationsansprüche der Bürger.

nerfeldern vor der Theuerstadt begann 1355 der Neubau des von dem Bamberger Patrizier Franz Münzmeister und seiner Frau gestifteten Dominikanerinnenklosters zum Hl. Grab. Es bekam Zustiftungen von den Patrizierfamilien Küchenmeister, Löffelholz und Kammermeister.

An die gestiegenen Repräsentationsansprüche der Bürger wurden auch die beiden Pfarrkirchen der Stadt angepasst: St. Martin vor der Stadtmauer der Inselstadt auf dem jetzigen „Maxplatz" wurde ab 1342 durch einen anspruchsvollen Neubau mit hohem, massivem Turm ersetzt, in deutlicher Konkurrenz zu den alten Stiftskirchen des Berggebiets. Die „Obere Pfarre", zuständig für die Sandstadt, baute seit 1338 an ihrer neuen Kirche. 1392 begann man den stadtbildbeherrschenden Chor im Stil der Parler-Schule zu errichten. Dieselbe Bauhütte schuf gleichzeitig in der Nachbarschaft für die Nonnen von St. Theodor einen bezaubernden Kreuzgang mit zierlichen Säulen. Seine Stilelemente zeigen so viel Respekt vor dem romanischen Klosterbau, dem der Kreuzgang eingefügt wurde, dass viele ihn für romanisch hielten.

Soziale Probleme lösten die Bürger jetzt unabhängig von kirchlicher Hilfe durch die Gründung und Ausstattung von Spitälern, Siechhöfen und Schwesternhäusern für die Versorgung von Armen, Waisen, Alten und Kranken. Die beiden größten Institutionen waren das Katharinenspital (1203) neben der Martinskirche und das Elisabethenspital, das Konrad Eseler 1328 im Sand errichtete. Das Katharinenspital wurde durch reiche Zustiftungen und umfangreichen Besitz zu einem der größten Kapitalgeber der Stadt und der wichtigste Investor für die Bamberger Gärtnerkultur.

Die Selbstverteidigung der Stadt ist im Protokollbuch von 1306 mit der Bürgerwehr detailliert beschrieben: 60 Stadtbürger, die sich auf eigene Kosten eine Armbrust und einen Schild beschaffen mussten, werden genannt; 23 Armbrüste sollten von den Zünften und acht vom Stadtrat gestellt werden. Diese Waffen waren zwar kostspielig, nährten aber auch den Stolz der Bürger. Doch am auffälligsten präsentiert das Brückenrathaus auf einer Insel mitten im Fluss bürgerliches Selbstbewusstsein. Kern der Anlage ist der Turm auf der Oberen

Brücke mit der Sturmglocke von 1321, die bei Gefahr geläutet wurde. An ihn baute man das Rathaus an, das 1370 erstmals erwähnt wird. Es stellte die Verbindung zwischen der Altstadt im Sand und der Neustadt auf der Insel dar und wurde zum Zentrum der Stadt, mitten im Marktgeschehen der Buden und Läden auf der Oberen Brücke. Dieses Rathaus haben die Bürger immer wieder erneuert, erweitert und verschönert.

Die Stadt schien also auf dem besten Weg, reich, groß und mächtig zu werden. Doch im Untergrund begann die Gesamtheit der Bewohner in mehrere Gruppen zu zerfallen, die sich bald heftig bekämpften, ein Streit, der sich lange hinzog und entscheidende Energiepotenziale verschlang.

Die „Historia von der Zwietracht“

Es ging letztendlich ums Geld, um die ewige Frage: Wer zahlt was? Da die Schulden des Hochstifts wuchsen und wuchsen, musste der Bischof alle paar Jahre die Bürger seiner Stadt Bamberg zur Kasse bitten. Doch diese war inzwischen selbst hoch verschuldet. Der „Stat“ fielen ständig neue Aufgaben zu: Straßen, Abwasserkanäle und Brücken waren zu bauen, seit 1327 wurden immer mehr innerstädtische Straßen mit Pflaster versehen, der Henker und sein Knecht, der Loch-(Gefängnis-)hüter und der Frauenwirt, der das städtische Bordell beaufsichtigte, mussten bezahlt werden, Geschenke und Bestechungsgelder für hochgestellte Persönlichkeiten am Papst- oder Kaiserhof oder bei den Gerichten belasteten den Stadtsäckel. Besonders teuer waren alle Sicherheitsmaßnahmen. Für diese und andere unvermeidbare städtische Ausgaben genügten die Einnahmen der „Stat“ aus dem Immobilienbesitz, dem Ertrag der Steinbrüche, Fischteiche und Hafenkräne und den Bußgeldern des Stadtgerichts bei weitem nicht mehr. Für die Kosten musste aber nur ein Teil der Bamberger aufkommen, nämlich die Bewohner der „Stat“, nicht aber die Bewohner der Immunitäten, die von den Einrichtungen der „Stat“ ja ebenfalls profitierten.

Diese absurde Situation hatte lange historische Wurzeln.

Seit dem Wormser Konkordat 1122 besaß das Domkapitel das Recht, seinen Bischof zu wählen. Bald verlangte es vom jeweiligen Kandidaten vor der Wahl Zusagen, die so genannten Wahlkapitulationen, die dem Domkapitel Macht und Verfügungsgewalt über die Finanzquellen des Hochstifts zuschanzten. Die zunehmende Bipolarität zwischen Bischof und Domkapitel verursachte auch das Auseinanderdriften von „Stat" und Immunitäten.

Die Immunitäten und das „Mitleiden"
Die Immunitäten waren Rechtsbereiche rund um die vier Stifte Dom, St. Jakob, St. Stephan und St. Gangolf und das Kloster St. Michael, in denen ursprünglich vor allem deren Bedienstete lebten. Die Pröpste der vier Stifte wurden meist von Domkapitularen gestellt und allmählich empfand sich das Domkapitel als Herr der „Muntäter", der Bewohner der Immunitäten. Für sie erreichte es gewisse Sonderrechte, vor allem finanzieller Art. 1275 ist dieser Vorgang so virulent geworden, dass er das erste Mal schriftlich fixiert wurde. In einer Urkunde grenzte Bischof Berthold die Rechte und Pflichten der „Stat" und der Immunitäten gegeneinander ab. Den Muntätern wurden Steuerfreiheit und abgabenfreie Märkte in ihren Bereichen zugesichert; nur in Zeiten äußerster Not sollten sie die „Stat" unterstützen müssen. Auf diese Vereinbarung berief sich das Domkapitel in den folgenden Jahrhunderten immer wieder. Natürlich übersiedelten zahlreiche Bürger in die finanziell begünstigten, wenn auch unselbstständigen Immunitäten, wodurch der Bischof steuerzahlende Bürger verlor. Für die Bürger der „Stat" wie auch für den Bischof war es deshalb äußerst wichtig, die Muntäter zum „Mitleiden", zur Beteiligung an den allgemeinen Kosten, zu zwingen.

Auf die Initiative von Bischof Lamprecht von Brun (1374–99) befahlen Papst Bonifaz IX. und dann auch König Wenzel 1397, dass die Muntäter ihren Anteil an den gemeinsamen Lasten tragen müssten. Aber die neuen Bestimmungen scheiterten am Widerstand des Domkapitels. Als 1430 die Hussiten in Oberfranken einfielen und auf Bamberg zuzogen, konnten die Probleme jedoch nicht länger ignoriert werden. Die Stadtmauern hielten den neuen Waffen längst nicht mehr stand; eine Verteidigung war aussichtslos. Der Bischof floh nach Kärnten, das

Domkapitel mit dem Domschatz auf die Giechburg. Doch die riesige Summe, die der Hussitenführer Prokop unter der Androhung, die Stadt sonst niederzubrennen, forderte, betraf sie ebenso wie die Schäden, die eine große Räuberbande anrichtete, die in die wehrlose Stadt einfiel und mit Vorliebe die wohlhabenden Domherrnhöfe aufbrach. Der Bischof bat die Bürger um einen Maßnahmenkatalog zur Verbesserung der Sicherheit. Sie schlugen vor, „Stat" und Immunitäten zu vereinigen, neue Befestigungsanlagen zu bauen und für deren Finanzierung die Selbstbesteuerung der Stadt zu genehmigen, die dann auch über die Verwendung der Gelder entscheiden sollte. Zunächst stimmten Bischof und Domkapitel den Vorschlägen zu.

Daraufhin verlieh am 23. April 1431 der deutsche König Sigismund (1410–37) der Stadt Bamberg die „Goldene Bulle", die nur noch eine Erbhuldigung vor dem Bischof vorsah und nicht auch vor dem Domkapitel. Das verstärkte den Widerstand der antistädtischen Partei im Domkapitel, an deren Spitze die Domherrn Georg von Schaumberg († 1475 als Bischof von Bamberg) und Georg von Löwenstein († 1464) standen. Sie zwangen Bischof Friedrich III. von Aufsess (1421–1431) zum Rücktritt und wählten Anton von Rotenhan (1431–1459), der sich im Kampf gegen die „Stat" an die dritte Autorität der damaligen Zeit neben Papst und König, das Basler Konzil, wandte.

Derweil begann die „Stat" mit dem Mauerbau. Alle Bewohner Bambergs mussten daran mitarbeiten, auch die Muntäter, die zum Teil mit Gewalt dazu gezwungen wurden. Dies nahm das Konzil zum Vorwand, um in seinem Urteil vom 9. Oktober 1434 die Wiederherstellung der früheren Verhältnisse und die Einlegung der Mauern zu fordern.

Der Muntäterkrieg

In den ersten Monaten des Jahres 1435 kochte Bamberg vor aggressiver Spannung, vor allem nachdem Bischof Anton am 2. Januar 1435 das Interdikt über die Stadt verhängt und damit alle Gottesdienste untersagt hatte. Alle Verhandlungen und Ausgleichsbemühungen scheiterten. Voll Wut erstürmten die

Bürger am 23. Juni 1435 das Kloster Michelsberg, das zu dieser Zeit einen beispiellosen moralischen Tiefpunkt erreicht hatte und als Symbol für die Verkommenheit des Klerus diente. Doch der Angriff auf die adeligen Mönche rief sofort ihre kriegerischen Verwandten auf den Plan. Schon fünf Tage später, am 28. Juni, belagerte ein Heer die Stadt, in dem sich viele fränkische Adelige mit ihren Bauern und fast alle Domherrn um Bischof Anton geschart hatten. Erst wollte man der Stadt das Wasser der Regnitz abgraben, doch das erwies sich als zu schwierig. Daraufhin beschloss man, sie in Brand zu schießen. In diesem dramatischen Augenblick, der das weitere Schicksal Bambergs bestimmte, entschied sich Bischof Anton gegen die Erwartungen seiner Kampfgenossen und für „seine Stadt": Er untersagte die Zerstörung. Ein Gedicht über das Ereignis berichtet: *Der Bischof sprach: die stat ist mein. Sollt man mit Feur schissen ein, daz wurde gar zu swere.*
Daraufhin zogen die ersten Kriegsteilnehmer ab und schickten ihre Bauern lieber wieder zur Arbeit auf die Felder. Inzwischen war auch Markgraf Friedrich von Brandenburg angekommen, der schon öfters als Vermittler in den Streitigkeiten in Bamberg aufgetreten war, und erreichte am 7. Juli 1435 einen Vergleich: „Stat" und Immunitäten, ja sogar die Geistlichen mussten für 10 Jahre einen „Tatz" zahlen, eine Umsatzsteuer auf Wein und Getreide, die zur Hälfte die „Stat", zur andern Hälfte der Bischof bekam. Die bereits errichteten Stadtmauern sollten stehen bleiben, ein Weiterbau aber mit dem Bischof abgesprochen werden.

Mit dieser Lösung, 1437 vom Kaiser nochmals bestätigt, konnten Stadt und Bischof leben. Einige Domherrn opponierten zwar noch immer, aber inzwischen folgten ihnen nicht einmal mehr ihre ‚Untertanen'. Am 15. Januar 1443 schlossen „Stat" und Immunitäten einen Vertrag, der ihr Verhältnis für Jahrhunderte grundlegend regelte: Man einigte sich auf eine gemeinsame Besteuerung und paritätisch besetzte Institutionen für Bauwesen und Finanzverwaltung. Auch in den Stadtrat wurden Muntäter aufgenommen.

Jetzt allerdings brach ein weiterer Unruheherd auf, der schon lange im Untergrund geschwelt hatte. In der „Stat" selbst gab es Rivalitäten zwischen den „Bürgern" aus den altein-

Die Auseinandersetzungen zwischen verschiedenen Bevölkerungsgruppen – den Immunitätsbewohnern und den Stadtbürgern, den Patriziern und der „Gemeinde“ – führten zur Abwanderung zahlreicher Bürger, darunter der Geyer von Schloss Geyerswörth. – Kolorierte Federzeichnung um 1500.

gesessenen, ratsfähigen Patrizierfamilien und der „Gemeinde“, der Handwerker, Händler und die „neuen Reichen“ angehörten, die nach sozialem Aufstieg und Teilhabe an den Entscheidungen der „Stat“ verlangten. Der Unmut gegen den Stadtrat führte 1446 zu einem Aufstand. Er wurde geleitet von Contz Örtlein, einem prominenten Muntäter aus der Immunität St. Stephan, der 1435 schon die Erstürmung des Michelsbergs angeführt hatte, und Endres Wetzel, einem vermögenden Einwohner der „Stat“. 1447 wurden die beiden hingerichtet. Doch die berechtigten Forderungen der „Gemeinde“ konnten nicht mehr ignoriert werden. Von da an waren ihre Vertreter in die wichtigen Gremien der Stadt integriert.

Jetzt kehrte Ruhe in Bamberg ein. *Und sind zu beden taylen des Kriegs nit reycher worden*, wie ein unbekannter Bamberger Stadtschreiber die „Historia von der Zwietracht" kommentierte. Keiner hatte gesiegt, doch mit den Kompromissen ließ es sich leben.

Der Fluss und die Mühlen

Das Ende der Streitigkeiten und die Organisation einer gemeinsamen Bauverwaltung von „Stat" und Immunitäten seit 1443 setzten ungeahnte Kräfte frei. Die Stadt nahm Baumaßnahmen von erstaunlichem Umfang und bewundernswertem technischen Know-how in Angriff, die in den von jetzt an geführten Bauhofrechnungen dokumentiert sind.

Die nachhaltigste Leistung war die Vollendung des Bamberger Gewässersystems durch den Bau des „Mühlgrabens". Der ursprüngliche Hauptarm der Regnitz hatte sich im Verlauf von Jahrtausenden immer weiter nach Osten verlagert und dabei im Bamberger Talkessel zahlreiche Altarme hinterlassen. Den westlichsten dieser Arme unterhalb der Domburg hatten die Menschen schon in der Zeit vor 1000 zum Fließen gebracht, um damit eine Mühle zu betreiben. Größere und kleinere Inseln, Wörthe genannt, lagen zwischen den natürlichen und künstlichen Gewässern: Mühlwörth, Geyerswörth, Abtswörth, Zinkenwörth und andere, die heute längst nicht mehr von Wasser umspült werden. Auf weitere Wasserbaumaßnahmen deuten erhaltene Namen hin: Spiegelgraben, Weißgerbersgraben, Hollergraben, Nonnengraben. Zusammen mit dem „Schwarzen Wasser", das bis ins 19. Jahrhundert dort floss, wo heute Schönleinsplatz und Promenade sich erstrecken, einer Reihe von Bächen und Weihern und dem rechten Regnitzhauptarm ließ dieses Gewässersystem Bamberg im Mittelalter tatsächlich fast zu einem „Klein-Venedig" werden.

Die Menschen nutzten die Gewässer zu den unterschiedlichsten Zwecken: Sie dienten als Transportweg, Nahrungsquelle und Abwasserleitung für Schiffer und Fischer, Gerber und Färber, Schlachter und Bader und zur Verteidigung der

Stadt. Eine der wichtigsten Funktionen des Wassers war aber die als Energielieferant. In Bamberg gab es im Spätmittelalter drei große Mühlenkomplexe: die Mühlen beidseits der Rathausbrücken (die älteste Mühle neben dem Altstadtmarkt, die 1438 aufgegeben wurde, und auf der anderen Flussseite die „Fischmühle"), die „Brudermühle" vor dem Franziskanerkloster und die „Steinmühle" unterhalb des Stephansbergs. Zu jedem Komplex gehörten mehrere Gebäude im Fluss mit zahlreichen Rädern, die Energie nicht nur zum Getreidemahlen lieferten, sondern auch um Tuch zu walken, Baumrinde für Lohe zum Gerben zu zerkleinern, Öl zu pressen oder Steine zu schleifen. Im 15. Jahrhundert waren es so viele Mühlräder geworden, dass der vorhandene Wasserdruck nicht mehr ausreichte. Man zapfte also um 1445 die Regnitz weit oberhalb der bisherigen Abzweigung, bei dem Dorf Bug, an und hob direkt unterhalb des Stephansbergs *bis zum neuen Rathaus einen weiten und tiefen großen Graben* aus. Dieser „Mühlgraben" lag mehrere Meter höher als „der alte Fluss", sodass durch das Gefälle mehr Energie erzeugt werden konnte. Abzweigungen aus diesem Kanal wurden zur Flutung des neuen Stadtgrabens (um 1500) genutzt und zur Versorgung der „Fischwinterungen", Becken, in denen Fische in frisch fließendem Wasser aufbewahrt wurden.

Die Folgekosten des innovativen Wasserbaus waren hoch: Die Mühlen mussten erhöht neu gebaut werden und die notwendigen Reparaturen an der Oberen Brücke nahmen wegen der veränderten Strömungsverhältnisse von Jahr zu Jahr zu. Ein schlimmes Hochwasser tat 1451 ein Übriges, sodass der Rat den Stadtbaumeister Hans Vorchheimer beauftragte, die steinerne Brücke neu zu bauen, die dabei auch mit verlängerten Rampen und Pflasterung dem vermehrten Wagenverkehr angepasst wurde. 1456 war die neue Brücke fertig und noch im selben Jahr begann man mit dem Bau des neuen Rathauses.

Das Brückenrathaus

Sieben Türmchen schmückten den Neubau des Rathauses mitten im Fluss, das seitdem das Wahrzeichen der Bamberger Bürgerstadt ist. Die (1945 zerstörte) Bauinschrift mahnte: *Merkt ihr*

Nach dem Einigungsvertrag zwischen „Stat" und Immunitäten 1443 führte die Stadt Bamberg große Baumaßnahmen durch: die Stadtmauer, den Mühlgraben und den Neubau von Rathaus und Oberer Brücke. – Federzeichnung um 1480.

liben Herren gut/ Behalt den Bau in treuer Hut/ Gescholt ihr dem seyn getreu/ Behalt den im Grundsgebeu/ Gott geb Ihnen die ewige Ruh/ Die ihr Steuer han geben dazu/ Dies solt ihr zum Exempel han/ Und greiffet auch dergleichen an/. Anno domini 1456. Statbaumeister Hans Vorcheimer. Vollend 1467.

Schließlich nahm man auch die Erweiterung der neuen Stadtmauer wieder in Angriff: Seit 1449 wurde am Graben hinter St. Martin und am Riegeltor gemauert, 1482 traf man *hintter dem Keßlerthurlein* auf die alte Mauer aus dem 13. Jahrhundert, die von dort aus bis zum Langgasser Tor weiterverwendet wurde. 1498 schließlich erreichte die Mauer beim Klarissenkloster den neuen Mühlgraben, von dem aus wenige Jahre später der Stadtgraben geflutet wurde. Der Halbkreis dieser Mauer des 15. Jahrhunderts um die Inselstadt ist im Luftbild bis heute deutlich sichtbar, auch wenn nur noch wenige Teile aufrecht erhalten sind.

Die jüdischen Viertel

Die Bamberger Juden lebten anfangs in der Judenstraße, wo sie neben christlichen Bürgern besonders viele Grundstücke besaßen und bis zur Zeit der Kreuzzüge ein integrierter und geachteter Teil der Bamberger Bevölkerung waren. Am Pfahlplätzchen lag der Judenhof mit Synagoge, Mikwe (Bad) und Tanzhaus. Er war jahrhundertelang das Zentrum des jüdischen Gemeindelebens in Bamberg. Es gab hier nach der großen Pest 1348 kein Pogrom wie in anderen Städten. Aber 1422 beschlossen die drei mächtigsten fränkischen Fürsten, die Bischöfe von Würzburg und Bamberg und die Markgrafen von Brandenburg, die Juden aus ihren Ländern zu vertreiben. Der Bamberger Bischof Friedrich von Aufsees (1421–31) konfiszierte den Judenhof und strich einen Teil des Vermögens der Juden ein. Das war einer seiner Versuche, mit der Verschuldung des Hochstifts Bamberg fertig zu werden. Die Häuser des Judenhofs vergab Bischof Friedrich an verdiente Hofbeamte. Kurze Zeit darauf begann der Umbau der Synagoge zu einer Marienkapelle. Doch aus finanziellen Gründen vertrieb der Bischof die Juden nicht ganz aus der Stadt, sondern verdrängte sie nur in die „hintere Kesslergasse“. Dieses Viertel war schlechter angesehen als der vornehme Bereich am Pfahlplätzchen. Nebenan lagen das Lochgefängnis und die Wohnung des Scharfrichterknechts, der für Folterungen zuständig war. Nun wurden die Juden seine Nachbarn. Sie errichteten erneut ein Gemeindezentrum, den zweiten Judenhof. 1423 wird erstmals die neue Synagoge in der Kesslergasse erwähnt. 2003 fand man bei Ausgrabungen die Mikwe wieder.

Auch Bischof Anton von Rotenhan (1431–1459) kämpfte während seiner ganzen Regierungszeit erfolglos gegen die Überschuldung seines Staates. In dieser Not brauchte der Bischof das Geld der Juden und das bescherte ihnen im Hochstift Bamberg noch ein paar gedeihliche Jahrzehnte. 1445 lieh sich Bischof Anton bei dem Bamberger Juden Meyer die immense Summe von 5000 fl. Im selben Jahr gaben Bischof und Domkapitel den Juden einen bemerkenswerten „Freiungsbrief“: Sie nahmen *ihre Jüdischheit in Bamberg und sonst im Stift mitsammt ihren Weibern, Kindern und all ihrem Gesinde, mit all ihrer Habe* in ihren Schutz. *Die Juden dürfen ungehindert leihen, kaufen, verkaufen ... Die Gerichte sollen ihnen zur Erlangung ihrer Schulden und Renten getreulich helfen ... Klagt jemand gegen einen Juden, so soll er sich an ihre Schul wenden: da soll man einen Geistlichen und einen Juden niedersetzen, die nach Anhören der Klage und Antwort Urtheil fällen.* Auf dieser relativ sicheren Grundlage war eine positive Entwicklung der Gemeinde möglich. Erst die Fürstbischöfe Georg I. von Schaumberg (1459–1475) und Philipp von Henneberg (1475–1487) verschärften im irregeleiteten Bemühen um eine Reform das Vorgehen gegen die Juden wieder. Sie mussten antisemitische Predigten anhören, es gab Zwangstaufen, die Steuerschraube wurde immer stärker angezogen. 1478 vertrieb der Bischof sie aus der Stadt und konfiszierte wieder einmal ihre Anwesen. In der Hofkammerrechung steht 1487 der Vermerk: *Von den Juden ist nichts gefallen, wann keiner vorhanden.*

Die alte Stadtmauer des 13. Jahrhunderts um die Inselstadt wurde seit 1450 in Etappen erweitert. Links vom „Langen Tor", vor dem das „Schwarze Wasser", ein Nebenarm der Regnitz, floss, schloss die neue, hölzerne Bewehrung an die alte Steinmauer. – Ausschnitt aus dem Bamberg-Blatt der Schedelschen „Weltchronik".

Das Bamberger Domkapitel des 15. Jahrhunderts, das auf die Entwicklung der Bürgerstadt Bamberg so verhängnisvoll eingewirkt hat, bestand aus 34 adeligen Herren. 20 von ihnen, mit Sitz und Stimme im Kapitel, bildeten das Regierungsgremium des Hochstifts Bamberg; die 14 Jüngeren mussten warten, bis einer von den 20 starb, um aufrücken zu können. Seit 1399 war der Nachweis von acht mindestens ritterbürtigen Ahnen das entscheidende Qualifikationsmerkmal für die Aufnahme in diese Gruppe; theologische oder wissenschaftliche Kenntnisse waren nicht erforderlich. Die wenigsten ließen sich zum Priester weihen. Zwar hatten etwa 80% der Herren die Universität besucht, doch war das offenbar nicht automatisch mit Bildung gleichzusetzen. 1421 konnten von 15 Domherren, die eine Urkunde bezeugten, fünf nicht einmal ihren Namen schreiben. Drei von diesen fünf waren an einer Universität immatrikuliert gewesen.

Wie ein Paradiesvogel muss Albrecht von Eyb (1420–75) unter ihnen gewirkt haben, als er nach Bamberg kam. 23 Jahre hatte der Spross einer fränkischen Adelsfamilie studiert, vor allem an italienischen Universitäten, in einem großen Kreis humanistisch gesinnter, intellektueller Freunde, mit Lust an der Antike, der Sprache, der Kunst und der Lebensfreude. 1449 bekam er eine Domherrnstelle in Bamberg, neben seinem Eichstätter Kanonikat eine weitere Einkommensquelle. Doch um sie behalten zu können, musste er laut Vorschrift mindestens ein Jahr lang in Bamberg residieren. Dieses Jahr trat der 31-Jährige 1451 in der Stadt an der Regnitz an. Hier begann er aus Langeweile zu dichten. Im Frühjahr 1452 erblickte er angeblich das Mädchen Barbara im Dom und beschrieb daraufhin in wohlgeformten lateinischen Wendungen ausführlich deren körperliche Vorzüge. Sehr viel deftiger ist die „Anklage der Bamberger Frauen", in der diese das Recht auf freie Liebe einfordern. In Albrechts „Lobspruch auf Bamberg", dem ersten humanistischen Städtelob auf eine deutsche Stadt, spürt man zwischen all den gelehrten Floskeln so etwas wie seine Verwunderung darüber, dass es ihm tatsächlich in Bamberg ganz gut gefiel.

Albrecht von Eyb, „Lobspruch auf Bamberg“
Bamberg, die üppig blühende königliche Stadt … leuchtet unter den Städten wie die Sonne unter den Sternen. Diesem Topos lässt Albrecht von Eyb Beschreibungen folgen, die offenbar auf eigener Beobachtung beruhen. Er lobt die heitere fruchtbare Flur, die Bürger, Einwohner und Gäste überreich mit Lebensmitteln versorgt, die Weinberge und Obsthaine mit unterschiedlichsten Früchten, das *reizende Bild*, das das Grün der Wiesen und Felder bietet, die *Schönheit der Bamberger Gärten* mit ihrer *Überfülle von Kräutern und Blumen* und den *schmucken Fluss, dessen glasklare Wasser im Schatten von Pappelbäumen zwischen grünen Ufern dahinziehen*. Neben den *Gaben der Natur* schildert Albrecht die *Gaben der Kunst*: Kirchen und Kapellen, das Domstift, *Häuser und fürstliche Paläste, wohin man blickt, deren Zahl und Pracht das Stadtbild ansehnlich und bewundernswert gestalten*. Nur der Mauergürtel fehle (1451 hatten die Bamberger ja erst mit dem Bau ihrer neuen Stadtmauer angefangen). Eyb interpretiert das – ironisch? – als Sinnbild ihrer weitgehenden Freiheit. Diese betont er auffallend. Die Bamberger hätten das *weiseste Gemeinwesen*, weil sie die Amtsgewalt *mehreren anvertrauen, damit die Vielen das bewältigen können, was Wenige nicht schaffen* und *die Mehrheit ausgleichend und bessernd wirken kann, wenn der Einzelne vom Rechten abweicht*. Vor dem Hintergrund der Auseinandersetzungen zwischen Domkapitel und Stat sind diese ungewöhnlich ‚demokratischen‘ Sätze kaum unpolitisch zu verstehen.

Als das Jahr seiner Residenzpflicht vorüber war, verschwand Albrecht von Eyb wieder nach Italien. Doch der Same der humanistischen Bildung ging auf. Nur ein überdurchschnittlich starkes Interesse an Büchern und technischen Innovationen kann dazu geführt haben, dass Bamberg zur zweiten Stadt wurde, in der ein Buch mit beweglichen Lettern gedruckt wurde.

1454/55 hatten Gutenberg und Fust in Mainz das erste große Buch mit Hilfe der neuen Erfindung des Buchdrucks veröffentlicht: die 42-zeilige Bibel (B 42), deren 180 Exemplare im Handumdrehen verkauft waren. Die Nachricht verbreitete sich schnell. Mehrere Bamberger Domherrn saßen auch im Mainzer Kapitel und brachten die Neuigkeit mit an die Regnitz. Und irgendwer reagierte hier schnell und entschlossen. Er verpflichtete einen Mainzer Drucker, nach Bamberg zu kommen und hier eine weitere Bibel zu drucken. Diese Bibelausgabe hat pro Seite 36 Zeilen und wird deshalb die B 36 genannt. Sie ist nach der B 42 eines der schönsten Bücher der Welt.

Allerlei Rätsel ranken sich um die B 36: Drucker, Auftraggeber und Zeitpunkt des Drucks sind umstritten. Die B 36 wurde ab 1460 verkauft. Der Auftrag muss also spätestens 1457/58 erteilt worden sein. Gedruckt wurde sie mit der „Urtype“ von Gutenberg, ziemlich das Einzige, was ihm nach seinem Streit mit seinem Geschäftspartner Fust geblieben war.

Ein Spitzenstück der Bamberger Malerei des 15. Jahrhunderts ist Hans Pleydenwurffs Porträt des Domherrn Georg Graf von Löwenstein, der vielleicht den Buchdruck nach Bamberg gebracht hat.

Hat also Gutenberg selbst in Bamberg gedruckt? Der Auftraggeber war wohl nicht Bischof Georg I. von Schaumberg (1459–75), der als Krieger ohne Universitätsbildung die Bedeutung des neuen Mediums kaum erkannt hätte. Doch Georg von Löwenstein, Domherr in Bamberg und Mainz, war nicht nur hochgebildet und ein großer Kunstfreund, er war auch reich genug, um sich ein solch kostspieliges Unternehmen leisten zu können, seit er als Letzter seines Geschlechts seine Grafschaft verkauft hatte. Vier Setzer arbeiteten etwa zwei Jahre lang an der B 36. Bei ihnen dürfte der bischöfliche Sekretär Albrecht Pfister († 1466) das Druckhandwerk erlernt haben. Er begann nach der Fertigstellung der B 36 mit deren Typen unter eigenem Namen zu drucken. Albrecht Pfister entwickelte das neue Metier innovativ weiter. Er druckte Bücher nicht nur für die kleine Schicht Lateinkundiger, sondern stellte auch deutschsprachige Bücher her, die er als Erster mit Holzschnitten illustrierte. Zwischen 1460 und 1464 erschienen die Fabelsammlung „Edelstein“ von Ulrich Boner, das literarische Meisterwerk „Der Ackermann von Böhmen“, „Historien“ aus dem Alten Testament und mehrere „Armenbibeln“ mit zusammen 224 Holzschnitten.

Aber nicht nur auf dem Feld der technischen Innovation ist Bamberg in dieser Zeit Spitzenreiter, sondern auch in der Kunst. Die Bamberger Maler griffen die Neuerungen der Niederländer früher und intensiver auf als zum Beispiel gleichzeitige Nürnberger oder Kölner Künstler. Das gilt vor allem für Hans Pleydenwurff, der 1456 ein hervorragendes Porträt von Graf Georg von Löwenstein malte, „eines der besten deutschen Gemälde des 15. Jahrhunderts“. Als Pleydenwurff 1457 nach Nürnberg ging, nahm Wolfgang Katzheimer mit seiner großen Werkstatt seine Stelle ein. Sein berühmtestes Bild ist der „Apostelabschied“ von 1483 mit der ersten wirklichkeitsgetreuen Abbildung der Stadt Bamberg als Hintergrund. Die topographisch exakte Darstellung von Gebäuden und Stadtlandschaften war damals etwas ganz Neues und auch hier bildete Bamberg die Avantgarde. Acht Aquarelle und Zeichnungen von Bamberger Gebäuden sind die frühesten erhaltenen vor Ort gezeichneten Architekturdarstellungen in Deutschland

Die erste realistische Abbildung der Stadt Bamberg bildet den Hintergrund des „Apostelabschieds“ von Wolfgang Katzheimer 1483.

(vgl. Abb. S. 37, 60, 63). Sie dienten als Vorlagen für die Szenerien von religiösen Tafelbildern, mit denen sich der Betrachter auf diese Weise besser identifizieren konnte. Eine Reihe solcher Tafelbilder aus Bamberger Werkstätten ist über die ganze Welt verstreut, was die Erforschung und Wertschätzung der um 1450/80 hochmodernen Bamberger Malerei bis heute erschwert hat.

Die gute Zeit des späten Mittelalters

Es ließ sich gut leben im Bamberg des Spätmittelalters. Nicht nur Albrecht von Eyb lobte die blühenden Gärten; schon das „Pelzbuch“ des Gottfried von Franken, ein mittelhochdeutsches Gartenfachbuch, berichtete 1350 von den Veredelungskünsten der Bamberger Gärtner. 1368 wird das erste Mal ein Gärtner in der Bamberger Theuerstadt erwähnt; 1450 gab es bereits 70 Gärtnerfamilien. In dieser Zeit soll der Bierverbrauch pro Kopf 440 Liter im Jahr betragen haben. Die Bamberger feierten gern und viel. Kirchenfeste und Prozessionen hatten neben ihrer religiösen auch gesellschaftliche Relevanz; außerdem produzierte man sich gern auf Schützenfesten, die seit 1389 nachweisbar sind. Auch der Adel hielt prachtvolle Turniere hier ab. Die Bamberger Frauenhäuser, die von einem Frauenwirt in städtischer Regie geführt wurden, waren weithin berühmt. Hans Rosenplüt schrieb um 1450 in seinem „Löblichen Spruch von der Ehrentreichen Stadt Bamberg" Der Rat habe *achtzehn Zünft zu hüten, Darunter sie wohl zu hüten haben Viel ungestümer wilder Knaben, die nit all recht gezähmt wöllen sein; Das kummt von Spiel, Frauen und Wein.* 1454 sah sich der Rat genötigt, in einer Kleiderordnung das Tragen von Schnabelschuhen und Schleppenkleidern zu verbieten. Viele europäische Fürsten kamen gern zu Besuch nach Bamberg, darunter Kaiser Friedrich III., die sächsischen Kurfürsten, die Markgrafen von Brandenburg und die dänische Königin. Es gab mindestens 15 Herbergen und 9 Bierbrauer in der Innenstadt. 1472 wurde der Stadtgraben mit Linden- und Obstbäumen besetzt; der Graben selbst diente als städtisches Fischwasser, in dem in diesem Jahr 14 Zentner Karpfen, ein Zentner Hechte und zahlreiche andere Speisefische gefangen wurden.

Die Kunst, gefördert vor allem vom bischöflichen Hof und vom Domkapitel, gab zahlreichen Künstlern Arbeit. Um 1500 arbeiteten in Bamberg neun Maler und Bildschnitzer, darunter Wolfgang Katzheimer, Ulrich Widmann, Paul Lautensack und Hans Nußbaum. Es gab auch regelmäßig mindestens eine Buchdruckerwerkstatt: Johann Sensenschmidt aus Nürnberg (1481–91), sein Sohn Lorenz und Hans Pfeyl (1491–1519), Heinrich Petzensteiner und Johann Sporer (1487 und 1494). Fürstbischof Heinrich Groß von Trockau (1487–1501) konnte also mit Recht sagen, dass Bamberg reich mit Meistern der Druckkunst versorgt sei.

Götz von Berlichingen auf Bambergisch

Die „Pfaffen" waren beim Volk im 15. Jahrhundert nicht beliebt. Die meisten von ihnen bemühten sich in erster Linie darum, Pfründen zu sammeln – hier eine Pfarrei, dort einen Domherrnsitz – und ließen die damit verbundenen ‚Dienstleistungen' von schlecht bezahlten, schlecht ausgebildeten und oft moralisch zweifelhaften Klerikern verrichten. Die Wut darüber ist auch der Hintergrund einer deftigen ‚Story', die im Bamberger Stadtgerichtsbuch überliefert ist. Der Kanonikus von St. Gangolf Hans Schwab hatte eine Beleidigungsklage gegen Agnes Schwanfelderin erhoben, weil diese ihm unter anderem Folgendes entgegengeschleudert hatte: *Was man dem heiligen Anthonius brächte, das fresse er mit seinen huren und puben … er sei ein hurenson, sie wolt ihm auf sein platten scheißen … er solt sie im arse lecken.* Dies ist die erste amtliche Protokollierung des Spruchs, der später durch Goethes „Götz" so berühmt werden sollte.

Das heißt nicht, dass die Bamberger Geistlichen nicht zum Teil kulturell sehr interessiert waren, wie zum Beispiel Leonhard von Egloffstein (seit 1484 in Bamberg, † 1514), ein geachteter humanistischer Schriftsteller. Aus dem patrizischen Geschlecht der Kammermeister stammte Joachim Camerarius (1500–74), der bedeutendste deutsche Altphilologe des 16. Jahrhunderts. Der Freund Luthers und Melanchthons schrieb auch viel gelesene lateinische Gedichte. Unter dem weltmännischen Fürstbischof Georg Schenk von Limburg (1505–22) versammelten sich bedeutende Männer am Bischofshof: Ulrich von Hutten (1488–1523), Crotus Rubianus (1480–um 1545), Dr. Johannes Faustus (ca. 1480–1539), der dem Bischof 1520 ein Horoskop für 10 Gulden erstellte, und Albrecht Dürer, der ihn porträtierte. 1513 wurde das von Tilmann Riemenschneider gefertigte „Kaisergrab" von Heinrich II. und Kunigunde aufgestellt. Das folgenreichste Werk, das in dieser Geisteswelt entstand, ist die „Bambergische Halsgerichtsordnung", die 1507 von Georgs Hofmeister Johann von Schwarzenberg (1468–1528) verfasst wurde, ein epochemachendes Strafgesetzbuch, das zur Grundlage für die jahrhundertelang gültige „Constitutio Criminalis Carolina" wurde, das Strafgesetz, das von Kaiser Karl V. für das ganze Reich eingeführt wurde.

Doch all das war eine späte Blüte an einem insgesamt veralteten Baum. Die Zeit der Bischofsstädte war vorüber. Den Ton bestimmten jetzt die Städte, in denen die Bürger frei entscheiden und Handel treiben konnten, in Franken an erster Stelle die Reichsstadt Nürnberg. Für Bamberg begann die Zeit des Niedergangs.

Die Zeit der Kriege (1450–1650)

Bauernkrieg und Markgrafenkriege

Krieg ist das bestimmende Stichwort für die zwei Jahrhunderte von 1450 bis 1650, vom ersten Markgrafenkrieg bis zum bitteren Ende des Dreißigjährigen Krieges. Bamberg war schon vorher nicht besonders reich gewesen. Doch die Kriege vernichteten auch den bescheidenen Wohlstand, der das gute Leben des Spätmittelalters ermöglicht hatte.

Der 1. Markgrafenkrieg (1457–62), mit dem Markgraf Albrecht Achilles (1414–86) versuchte, sein Landgericht Nürnberg auf Schwaben, Bayern und Franken auszudehnen, und die Auseinandersetzungen (1464–69) mit dem Bischof von Würzburg, Johann von Grumbach (1455–66), beeinträchtigten das Leben der Bevölkerung nur partiell. Das änderte sich mit den Religionskriegen, die im 16. Jahrhundert in ganz Europa ausbrachen.

Luthers Reformideen fanden auch in Bamberg zahlreiche Anhänger, vor allem unter den gebildeteren und nachdenklicheren Männern am Bischofshof. Der Bischof Georg Schenk von Limburg (1505–22), eher an Kunst als an Theologie interessiert, unternahm noch nichts gegen die Ausbreitung der Reformation. Erst allmählich wurde wohl den Herrschenden das Ausmaß der Bewegung klar. Im Bamberger Bistum wurden 105 von 190 Pfarreien protestantisch, die Verwaltungsgeschäfte der bischöflichen Behörden schrumpften um vier Fünftel. Die meisten fränkischen Adeligen gingen zur neuen Lehre über, auch um sich der Herrschaft des Bischofs zu entziehen. Sie gaben ihre Söhne und Töchter nicht mehr in die Klöster, die damit auch der üblichen ‚Mitgift' verlustig gingen. Das notorisch reformunwillige Kloster St. Theodor – der Bischof hatte zum Beispiel immer wieder vergeblich gemahnt, die Nonnen sollten die Männer doch wenigstens über Nacht wegschicken – starb aus; es stand seit 1554 leer.

Bischof Weigand von Redwitz (1522–56) versuchte die erste Gegensteuerung. Prominente Lutheraner wanderten aus: der Verfasser der „Bambergischen Halsgerichtsordnung“ Johann von Schwarzenberg, der bischöfliche Kaplan Ulrich Burchardi, der gelehrte Astronom und Stiftsherr von St. Jakob, Johann Schöner, und der Maler Paul Lautensack z. B. Zum Helden des Volkes wurde in Bamberg der Kustos von St. Gangolf, Johannes Schwanhausen (1486–1528). Er schlug vor, *so wir rechte Christen wären,* Monstranzen, Kelche und Messgewänder zu verkaufen, um den Armen zu helfen und sie nicht *Frost, Hunger, Durst, Krankheit und alles Übel leiden* zu lassen. Seine Predigten hatten so viel Zulauf, dass das Kirchenschiff von St. Gangolf nicht mehr ausreichte und man eine Außenkanzel im Friedhof vor der Kirche anbringen musste. Als er anfing, Almosen für die Armen zu sammeln, drohte ihm Bischof Weigand mit Gewalt. Im Herbst 1524 floh Schwanhausen nach Nürnberg. Doch damit beruhigte sich der Unmut des Volkes natürlich nicht, im Gegenteil: Dies war der Funke, der den damals überall in Deutschland brodelnden Willen zum Aufruhr entzündete und in Bamberg die erste Welle jenes Aufstands verursachte, der später mit dem Namen „Bauernkrieg“ bezeichnet wurde.

Wegen der allgemeinen Unruhe ließ Bischof Weigand bei Georg Erlinger ein Schreiben drucken, mit dem er seine Adeligen aufforderte, zum 11. April 1525 nach Bamberg zu kommen. Erlinger war überzeugter Protestant, der eine große Zahl reformationsfreundlicher Schriften herausgebracht hatte. Einige Exemplare des bischöflichen Aufrufs gelangten aus seiner Druckerei in die Hände jener, die befürchteten, die neue Lehre solle gewaltsam unterdrückt werden. Eine Gruppe von Bambergern versammelte sich daraufhin am Abend des 10. April 1525 im Haus eines Schlossers im Zinkenwörth und verabredete unter der Führung des Baders Hans Hartlieb den Aufstand. Am nächsten Tag läuteten sie Sturm und besetzten die Tore, um die Ritter, von denen allerdings nur wenige kamen, auszusperren. Doch in den folgenden Tagen strömte immer mehr Volk in der Stadt zusammen. Die Lage wurde kritisch. Bischof Weigand begab sich von seiner Residenz,

Seit dem 14. Jahrhundert lebten die Bamberger Bischöfe auf der Altenburg, die sie zu einer luxuriösen Wohnburg ausgebaut hatten. 1554 zerstörte Markgraf Albrecht Alcibiades die Burg. – Ausschnitt aus dem Bamberg-Blatt der Schedelschen „Weltchronik".

der Altenburg, zu den Bürgern hinunter in die Stadt, um mit ihnen zu verhandeln.

Die Artikel der Bamberger vom 11. April 1525

In den Jahrzehnten nach dem Vertrag von 1443 zwischen der Stadt und den Immunitäten hatten sich in Bamberg allmählich wieder die alten Verhältnisse eingeschlichen. Das Domkapitel spielte sein gewohntes Spiel mit den Wahlkapitulationen um Macht und Einfluss. Deshalb sind die Forderungen der Bamberger Bürger zu Beginn des Bauernkriegs beinahe dieselben wie 100 Jahre zuvor: Sie fordern das allgemeine „Mitleiden", also die gerechte Verteilung der Kosten auf alle Bewohner Bambergs, sie wollen nur den Bischof und nicht das Domkapitel als Herrn anerkennen, die Steuer des „Ungelds" soll nur vom Bischof und der Stadt festgesetzt werden und nur ihnen zustehen, die Schlüssel zu den Toren der Stadt soll der Stadtrat verwahren und der sog. ‚kleine Zehnt' soll abgeschafft werden. Hinzugefügt wurden noch die Wünsche, dass niemand wegen des Aufstands belangt werden solle und dass Fischfang und Jagd „frei“ werden sollten. Nur der erste Artikel des Schreibens, das dem Bischof vorgelegt wurde, zeigt den Einfluss der Reformation: *Erstlich das wort gottes frei unverdunkelt lauter und clar gepredigt werden solle.*

Johannes Schwanhausen wurde zurückberufen, über die restlichen Forderungen sollte ein Ausschuss beraten. Doch der Friede währte nur kurz. Die zweite Welle des Aufstands kam von außerhalb der Stadt. In einem Lager bei Hallstadt versammelten sich um den 12. Mai 1525 aus dem ganzen Hochstift Bauern, die gegen ihre Ausbeutung durch den Adel rebellierten. Anfänglich verlief die Bewegung recht diszipliniert. Erst als der Alkohol aus den reichen Kellern in die Kehlen der Aufständischen floss, geriet das Ganze außer Kontrolle. In Bamberg stürmten etwa 3000 Bauern das Kloster Michelsberg, wieder einmal Inbegriff des verhassten adelig-klerikalen Schmarotzertums. *Sie liefen in die Keller und tranken wie das Vieh, zerhauten viel Bild und Gemälds in der Kirchen* und richteten erhebliche Schäden an, wie die Äbtissin des Bamberger Klarissenklosters, Anna Königsfelder, schrieb.

Da hatte das Domkapitel aber schon, gegen den Willen des Bischofs übrigens, den Schwäbischen Bund zu Hilfe gerufen. Der beendete die Revolution schnell und grausam. Am 17. Juni 1525 besetzte Georg Truchsess von Waldburg die Stadt. Die Anführer des Aufstands, darunter der Bader Hans Hartlieb und der Schwager Schwanhausens, Heinz Drechsler, wurden hingerichtet. Nur die Fürsprache des Bischofs verhinderte ein Blutbad. Bürger und Bauern mussten hohe Entschädigungen zahlen. Viele Adelige konnten davon sich und ihre Schlösser sanieren.

Im 2. Markgrafenkrieg (1552–54) verlor Bamberg seine wertvollsten Kunstschätze. Am 16. April 1553 überfiel Markgraf Albrecht Alcibiades von Brandenburg-Kulmbach (1527–57) die wehrlose Stadt. Er war ein ‚Kriegsunternehmer‘, der sich in Franken ein größeres Territorium erobern wollte. Das notwendige Kapital versuchte er aus den besetzten Gebieten herauszupressen. Bamberg sollte die astronomische Summe von 200 000 Gulden Brandschatzung bezahlen; auch die Einschmelzung der goldenen und silbernen Kunstwerke aus dem Domschatz deckte davon nur einen kleinen Teil. Der Markgraf plünderte die Domherrnhöfe und stürmte die Altenburg, holte alles heraus, was man dort in Sicherheit hatte bringen wollen, und ließ sie dann von seinem Feuerwerksmeister systematisch zerstören. Um noch mehr Geld zu erpressen, verschleppte er 80 angesehene Bamberger Bürger als Geiseln. Nur wenige kehrten zurück.

Verzögerte Gegenreformation

Die Frage der Konfession war in Deutschland zum zentralen Thema geworden. Mit dem Konzil von Trient (1545–63) begann die katholische Kirche innere Reformen und beschloss aktive Rekatholisierungsmaßnahmen, deren Träger vor allem die Jesuiten waren. Bamberg stand den Anfängen dieser „Gegenreformation“ sehr skeptisch gegenüber. Hier hatte sich ein tragfähiger Modus Vivendi zwischen den Konfessionen eingestellt. Über 14% der Bamberger waren im 16. Jahrhundert lutheranisch. Die meisten von ihnen wohnten im Stadtzentrum und viele von ihnen saßen im Rat oder gehörten zu den Gassenhauptleuten. Bischof Veit von Würzburg (1561–77) dachte gar nicht daran, seinen wirtschaftlich erfolgreichsten Bürgern religiöse Vorschriften zu machen. Er sorgte für Frieden und konsolidierte die Finanzen seines Staates. Ein bleibendes Denkmal setzte er sich mit dem Kanzleibau der Alten Hofhaltung auf dem Domberg.

Fürstbischof Ernst von Mengersdorf (1583–91) wollte dort trotzdem nicht mehr wohnen bleiben. Er erreichte vom Domkapitel die Erlaubnis, sich auf dem Geyerswörth eine neue Residenz bauen zu lassen. Zwischen 1585–87 errichtete Erasmus Braun für ihn anstelle der alten Patrizierburg ein Renaissanceschloss mit botanischem Garten, Wasserspielen und Spazierwegen, das zum ‚touristischen‘ Besuchsziel für reisende Kavaliere wurde. Mengersdorf versuchte eine moderate Reform. Dazu gehörte die Einführung des neuen Gregorianischen

Kalenders 1583, an dessen Ausarbeitung der Jesuit Christoph Clavius aus Bamberg wesentlich beteiligt gewesen war. Auch eine bessere Ausbildung der Priester nahm er in Angriff. Er eröffnete 1586 in fünf Räumen des alten Karmelitenklosters in der Au das „Seminarium Ernestinum", das jungen Männern ab 16 Jahren mit entsprechenden Lateinkenntnissen die Fortbildung zum Priester anbot. Das Seminar erhielt unerwartet großen Zulauf, sodass nach wenigen Jahren das Gebäude zu klein wurde und die Karmeliten 1589 in das leer stehende Nonnenkloster St. Theodor am Kaulberg umgesiedelt wurden. Doch der Bischof und das Domkapitel weigerten sich hartnäckig, für die Fortbildung, wie aus Rom gefordert, die Jesuiten nach Bamberg zu berufen und damit die Gegenreformation zu forcieren. Das entscheidende Motiv des Widerstands war die Forderung der Gegenreformatoren, das so genannte *Concubinat* abzuschaffen. Die meisten Kleriker hatten nämlich Frauen und Kinder, die sie behalten wollten.

Erst Fürstbischof Neithard von Thüngen (1591–98) änderte den Kurs drastisch. Er erließ ohne Zustimmung des Domkapitels am 23. März 1594 ein Religionsmandat, das allen Andersgläubigen die Rückkehr zur katholischen Kirche befahl. Wer das nicht wollte, musste innerhalb von acht Tagen das Bamberger Territorium verlassen. Lutherische Lehrer und Beamte wurden entlassen, 1596 die protestantischen Stadträte ausgewechselt. Der Friede, der bis dahin unter den Konfessionsgruppen geherrscht hatte, war nachhaltig gestört.

Im Klerus Bambergs standen sich nun zwei Parteien konträr und zunehmend aggressiv gegenüber: die „Eiferer" der Gegenreformation und die „Pragmatiker", denen Wohlstand und ein angenehmes Leben ein erstrebenswertes Ziel schienen. Deren Anführer war der Domdekan Johann Philipp von Gebsattel (1555–1609). Ihn wählte das Domkapitel 1599 zum neuen Fürstbischof. Gebsattel empfand sich vor allem als Reichsfürst, der für das Wohl seiner Untertanen zu sorgen hatte. Er kümmerte sich um die Gesundheitsfürsorge und um die Armen seines Landes, bemühte sich um eine Verwaltungsvereinfachung, um die Förderung der Wirtschaft und um gute Beziehungen und Frieden mit den Nachbarterritorien.

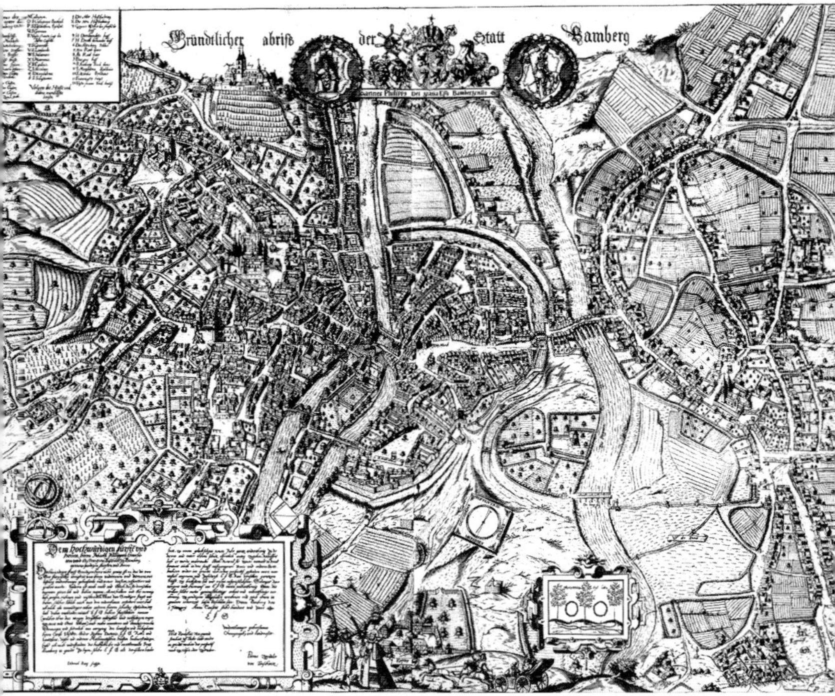

Der Stadtplan des Petrus Zweidler von 1602 zeigt die Stadt Bamberg am Ende der mittelalterlichen Ausbauphasen und vor den Zerstörungen des verheerenden Dreißigjährigen Krieges.

Ihm widmete der Landmesser Petrus Zweidler seinen „Gründtlichen Abriß der Stat Bamberg" von 1602, den ersten realistischen Stadtplan Bambergs aus der Vogelschau. Mit ihm könnte man sich notfalls auch heute noch in der Altstadt zurechtfinden, denn ihre Grundstrukturen blieben seit dem Mittelalter bis heute erhalten. Als Wahrzeichen der Stadt sind auf dem Zweidler-Plan Süßholzkränze abgebildet. Die langen Süßholzwurzeln wurden zur Herstellung von Süßungsmitteln, Lakritze und Hustensaft genutzt und von den Bamberger Gärtnern neben Samen, Zwiebeln und Gewürzpflanzen in großen Mengen exportiert. In Bamberg lebten damals etwa 12 000

Menschen. Für ihre größeren Feste wurde 1603 von der Stadt das „Hochzeitshaus“ am Kranen errichtet, in dem man Säle und Diener mieten konnte. 1605 begann Stadtbaumeister Jakob Wolff mit der Errichtung einer Residenz für Fürstbischof Johann Philipp, die heute als Westflügel in die Neue Residenz integriert ist.

Johann Philipp war ein treu sorgender Familienvater; von zwei Konkubinen hatte er sieben Kinder, die er nie zu verlassen beabsichtigte, weshalb er keine höheren Weihen annahm. Persönlich fromm, empfand er sich immer als gut katholisch, war aber in religiösen Fragen tolerant: *es wolle der bischove durchaus nicht, dass man hinfürthers iemanden zur religion zwingen, sondern ainen ieden solle glauben lassen, was er wölle*, eine Ansicht, die seine Gegner aufs Tiefste empörte. 1609 starb Johann Philipp von Gebsattel, von dem Jakob Ayrer in seiner „Bamberger Reim-Chronik“ (1599) schrieb, er würde immer *mit Vernunfft weit umb sich sehen*. Die Vernunft hatte mit Gebsattels Tod für lange Zeit ausgedient.

Verbrecherischer Abgrund: die Hexenmorde

Die Leitfigur der folgenden finsteren Jahrzehnte war Friedrich Förner, ein fundamentalistischer Fanatiker, der mit allen Mitteln für sein Ziel, die Gegenreformation, arbeitete. Er war Domprediger, Pfarrer von St. Martin und seit 1612 Weihbischof, wirkte inoffiziell aber als Agent des Würzburger Fürstbischofs Julius Echter von Mespelbrunn und Herzog Maximilians von Bayern, beides eifrige, religiös-politisch motivierte Verfechter der Gegenreformation. Sie zogen im Hintergrund die Fäden bei der Wahl der nächsten beiden Bischöfe von Bamberg, Johann Gottfried von Aschhausen (1609–22) und Johann Georg Fuchs von Dornheim (1623–33). Unter ihnen fanden die schlimmsten Hexenverfolgungen Europas statt, für die Förner mit seinen Predigten den Boden bereitet hatte.

Der ersten Prozesswelle von 1616–19 fielen 155 Menschen zum Opfer, über 80% davon waren Frauen. Sie wurde aus finanziellen Gründen beendet. Die Kosten häuften sich, je größer die Zahl der Opfer wurde. Neue Gefängnisse mussten gebaut werden, die Inhaftierten brauchten Verpflegung, Wach- und Gerichtspersonal waren zu bezahlen, die Hexenkommissare und Folterknechte klagten über ihre beschwerliche Arbeit und wollten mehr Geld. Die fürstliche Kasse hätte die Kosten weiterer Prozesse übernehmen müssen. Das aber verhinderte der höchste weltliche Beamte des Hochstifts Bamberg, Kanzler Dr. Georg Haan.

Doch nach einer Missernte 1626 wurden wieder Stimmen laut, man möge doch verhindern, dass *die Zauberer und Unholden die Früchte so verderben dürften*. Erneut begann die Hexenkommission mit ihrer verderblichen Arbeit, die über 1000 Menschen nach furchtbaren Qualen den Tod brachte. Für Bamberg war ihr anfänglicher Hauptzeuge ein 14-jähriger Junge, Hänschen, Sohn des Bamberger Bürgermeisters Johann Morhaupt. Er lieferte den Kommissaren von sich aus die tollsten Geschichten. Seine Lehrer, die Jesuiten, hätten ihm sein Buch von Dr. Faust weggenommen. Deshalb hätte er einen Pakt mit dem Teufel geschlossen, sei mit seiner Mutter auf einer Gabel zum Dachfenster hinausgefahren und auf dem Dachboden ihres Nachbarn, des fürstbischöflichen Sekretärs Georg Eder, getauft worden. Er habe mit einer Buhlteufelin namens Kandel Geschlechtsverkehr gehabt und fünfmal den Teufel getroffen. Bei der Teufelstaufe auf dem Dachboden waren angeblich fast alle Honoratioren der Stadt anwesend. Diese Aussage gefiel den Mitgliedern der Hexenkommission, war doch bei diesen reichen Bamberger Bürgern viel zu holen. Der Fürstbischof und seine Beamten konfiszierten von den Verurteilten zu ihrer persönlichen Bereicherung über 500 000 Gulden, eine ungeheure Summe. Alle von Hänschen Morhaupt angegebenen Teilnehmer seiner Hexentaufe wurden in der Folgezeit verhaftet, gefoltert und verbrannt. Auch Bürgermeister Junius gehörte in diesen Kreis; von ihm ist ein erschütternder Brief erhalten, den er mit gebrochenen Händen an seine Tochter schrieb, ein Fanal gegen jede Art von Folter. Die gesamte Familie des Kanzlers Haan, dem die Hexenkommissare nicht verziehen, dass er ihnen 1619 den Geldhahn zugedreht hatte, wurde ausgerottet. Mit Hilfe von Hänschen Morhaupt wurde fast die gesamte Bamberger Führungsschicht beseitigt, bevor er selbst verbrannt wurde.

Womit die Hexenjäger nicht gerechnet hatten, war die Tatsache, dass die von ihnen verfolgten vermögenden Bamberger Bürger sich wehren konnten. Der Fall der 1629 verhafteten Dorothea Flock brachte schließlich die Wende. Dorothea war 22 Jahre alt und hochschwanger. Sie durfte nach damaligem Recht wegen der Gefahr für das Kind weder gefangen gehalten noch gefoltert werden. Ihre einflussreiche Familie brachte den Reichshofrat, das höchste Rechtsgremium am Kaiserhof, dazu, dem Bamberger Fürstbischof ihre sofortige Freilassung zu befehlen. Doch der Bote mit dem Mandat kam angeblich fünf Minuten zu spät. Aus Angst vor Enthüllungen hatte man Dorothea am 17. Mai 1630 eiligst hingerichtet, wobei ihr der Fürstbischof die Gnade erwies, sie vor dem Verbrennen köpfen zu lassen.

Doch damit hatte Fürstbischof Fuchs von Dornheim den Bogen endgültig überspannt. Der Kaiser selbst verurteilte die rechtswidrigen Praktiken der Bamberger Hexenbrenner. Mit seinem Mandat vom 12. Juni 1631 konnte sich der Reichshofrat schließlich gegen den massiven Widerstand aus Bamberg durchsetzen. Er forderte darin, dass Verhaftung und Folter nicht auf Grund bloßer Denunziation erfolgen dürften, sondern dass eindeutige Indizien für ein Verbrechen vorliegen müssten. Damit scheiterten die Hexenprozesse an mangelnden Beweisen. Dieses Mandat beendete die Prozesse im Hochstift Bamberg. Als die Schweden 1632 Bamberg eroberten, ließen sie die letzten Gefangenen aus dem Malefizhaus, dem Hexengefängnis, frei. Die Verantwortlichen für die Hexenmorde flohen, sie wurden nie bestraft.

Der Dreißigjährige Krieg

Bis 1632 war das Hochstift Bamberg als Mitglied der Katholischen Liga nur mit Geld und Truppen am Dreißigjährigen Krieg beteiligt. Doch im Februar 1632 nahmen die Schweden die Stadt das erste Mal ein. Deren Repräsentanten waren fast alle mitsamt ihren Soldaten in die sichere Festung Forchheim geflohen, so wie immer wieder während des Krieges. Am 9. März 1632 verjagte der Feldherr der Liga, Tilly, die Schweden wieder aus Bamberg. Seit Frühjahr 1635 war Franken nicht mehr unmittelbarer Kriegsschauplatz. Doch die endlosen Truppendurchzüge der nächsten Jahre erwiesen sich als weit verheerender als der Krieg. Über 20 Mal wurde Bamberg zwischen 1632 und 1648 besetzt. Die Soldaten kamen in die Stadt, mussten einquartiert und versorgt werden, sie erpressten Schutzgelder, ernteten Gemüsefelder ab, verheizten Dachstühle, Türen, Fenster und Stiegen, tranken Weinfässer leer, brachten Abtritte zum Überlaufen, plünderten, vergewaltigten, mordeten, und das immer wieder, alle paar Monate. Es war den Menschen nach kurzer Zeit gleichgültig, ob es sich dabei um „eigene“ – in Bamberg waren das die kaiserlichen – oder „feindliche“, schwedische oder französische Truppen handelte. Auch nach dem Westfälischen Frieden von 1648 stand noch ein großer Teil der schwedischen Armee im Hochstift, um die letzten Kontributionen einzutreiben. Erst 1650 konnten die Bamberger ihr Friedensfest feiern.

Die Stadt war aufs Schwerste beschädigt. Die Bevölkerung war von 12 000 auf unter 6900 geschrumpft. Ruinen säumten die Straßen. Eine vom Stadtrat 1643 in Auftrag gegebene Untersuchung beschrieb 660 betroffene Gebäude: 50% waren *totaliter ruiniert*. Nur ein Teil der Schäden, vor allem in den Vorstädten, war durch unmittelbare Kriegseinwirkungen entstanden. Am meisten litt die Bausubstanz der Stadt darunter, dass wegen des starken Bevölkerungsrückgangs viele Gebäude lange leer standen, verfielen und dann als Rohstofflager benutzt wurden. Damit brach auch das Finanzsystem in der Stadt, durch die Kriegs- und Einquartierungskosten ohnehin übermäßig belastet, völlig zusammen. Von verlassenen Häusern und Höfen werden keine Abgaben bezahlt und das bekamen die großen Grundbesitzer und Kreditoren in Bamberg, das Domkapitel, die Klöster, Stifte und Spitäler, zu spüren. Die Gangolfer Stiftsherren etwa verließen deshalb die Stadt, nachdem sie in ihr Protokollbuch geschrieben hatten: *Ist alles oed vnd wüst vnd nicht die zins in lange Jahr zue haben gewesen.*

Triumph des Barock (1650–1800)

Auf dem Weg aufwärts

Es dauerte lange, bis Bamberg nicht mehr *öd und wüst* war. Da die Bamberger Regierung nur katholische Einwohner zuließ, stammte weniger als ein Fünftel des Bevölkerungswachstums der nächsten Jahrzehnte aus Zuwanderern. Erst etwa 90 Jahre später waren die Vorkriegseinwohnerzahlen wieder erreicht. Jetzt wirkten die Maßnahmen der Kirchenreform, die zur Jahrhundertwende begonnen worden waren, stabilisierend und ausgleichend. Grundlegend gefördert wurde die geistige Einheit durch die Erziehung der Jesuiten, die inzwischen das gesamte Bildungswesen in Bamberg in der Hand hatten. Eine der ersten weitreichenden Investitionen in die Zukunft am Ende des Krieges war die Gründung einer Akademie durch Fürstbischof Melchior Otto Voit von Salzburg (1642–1653). 1648 wurde das von den Jesuiten geleitete Institut von Kaiser und Papst mit allen Rechten einer Universität bestätigt. Die dort ausgebildeten Priester verbreiteten eine neue Frömmigkeit, die das gesamte Alltagsleben durchdrang: Prozessionen, Andachten und Wallfahrten mit ihrer Farbenpracht, dem Duft der Blumenteppiche, den wehenden Fahnen, schönen Kleidern und inbrünstigen Liedern waren eine Freude für die Sinne, Krippen, Passionsspiele und Theateraufführungen der Jesuitenschulen nahmen die Betrachter unmittelbar und anschaulich in das Heilsgeschehen mit, Bruderschaften und Sodalitäten gaben den Menschen religiös-gesellschaftlichen Halt und sinnstiftende Geborgenheit.

Das war die stabile und leicht zu disziplinierende Basis für die wirtschaftlichen Maßnahmen einer Reihe tüchtiger Bamberger Fürstbischöfe in der zweiten Hälfte des 17. und im 18. Jahrhundert. Nach dem Dreißigjährigen Krieg war als vordringlichstes Problem die katastrophale Lage der Staatsfinanzen zu verbessern, was vor allem unter Fürstbischof Marquard

Zeichen der Erholung nach dem Dreißigjährigen Krieg sind Bauten wie die Stephanskirche, für deren Neubau Antonio Petrini 1677 sogar eine große Kuppel plante. Diese wurde jedoch aus Geldmangel bis heute nicht errichtet.

Sebastian Schenk von Stauffenberg (1683–1693) so gut gelang, dass Bamberg um 1690 sogar wieder als relativ wohlhabend galt. Zeichen für die Erholung sind die ersten größeren Baumaßnahmen, die wieder in Angriff genommen wurden. Ab 1677 errichtete Antonio Petrini aus Turin, fürstbischöflicher Baumeister in Würzburg und Mainz, für die Chorherrn von St. Stephan eine neue Kirche, in die er den Turm des 12. Jahrhunderts und den Chor von 1628 einbezog. Diesen erfahrenen Architekten holte sich auch Fürstbischof Marquard, als er 1687 vor den Toren der Stadt am Seehof ein neues Schloss erbaute. Die Jesuiten dagegen verpflichteten 1686 für den Neubau ihrer Kirche die Gebrüder Dientzenhofer. Mit der Jesuitenkirche am „Grünen Markt" in Bamberg begann der Siegeszug des Barock in Franken. Überall wurde nun „barockisiert".

Schlösser, Kirchen und Wohnhäuser wurden im neuen Stil gebaut oder saniert.

Wiederaufbau nach dem Dreißigjährigen Krieg
Der Bauboom der Barockzeit war zunächst eine Reaktion auf die Schäden des großen Kriegs. Noch 1694 gab es so viele Bauruinen und unbebaute Grundstücke in Bamberg, dass die Regierung zu ungewöhnlichen Zugeständnissen bereit war. Den Juden, die das Domkapitel eigentlich hatte ausweisen wollen, wurde erlaubt, 24 Häuser in der Stadt zu kaufen unter der Bedingung, dass sie entweder öde Brandstätten *oder ruinöse Häuser erwerben und sie ganz von Stein aufbauen nach einem vorgelegten Modell.* 1697 ordnete Fürstbischof Lothar Franz von Schönborn an, dass brachliegende Grundstücke, die in drei Jahren nicht bebaut würden, enteignet und vom Stadtmagistrat verkauft werden sollten. Doch auch das führte nicht zum erwünschten Erfolg. Am 13. März 1700 erließ Lothar Franz deshalb ein Mandat, mit dem er den Neubau von Häusern durch Steuervergünstigungen förderte: Abgestuft nach Anzahl der Stockwerke und Materialwahl gab es zwischen 20 Jahren Steuerfreiheit für ein 3-stöckiges Steinhaus und 6 Jahren für ein 2-stöckiges verputztes Fachwerkhaus. Ebenerdige Holzhäuser wurden in der Stadt nicht mehr geduldet. Diese Maßnahme wirkte: Bamberg wurde zur Barockstadt.

Das barocke Wirtschaftswunder und die Schönborns

Lothar Franz von Schönborn (1693–1729) war der typische Fürst des Absolutismus im guten Sinn, liebenswürdig, lebenslustig und als Staatsmann hervorragend begabt. Nach seiner Wahl zum Bischof von Bamberg 1693 machte er sich bald zum unumschränkten Herrn seines Hochstifts. Seine Autorität steigerte sich noch, als er 1695 auch zum Kurfürsten von Mainz und Reichserzkanzler gewählt wurde. Er konnte seinen absoluten Herrschaftsanspruch auch in seinen Domkapiteln durchsetzen. Der entscheidende Hebel dafür war der veränderte Umgang mit seinen Beamten: Sie wurden scharf kontrolliert und korrupte und unfähige Amtsvertreter wurden entlassen, selbst wenn sie Adelige oder Geistliche waren. An ihrer Stelle zog Lothar Franz sich einen ihm ergebenen, tüchtigen Stab von Beamten bürgerlicher Herkunft heran, die in seinen Diensten glänzende Karrieren machen konnten. Sie rückten in Bamberg an die Spitze der sozialen Pyramide. Ihre prächtigen Palais, insgesamt über 20, schmücken bis heute das Stadtbild.

Beispielhaft für eine solche Karriere ist die des Juristen Dr. Hieronymus Karg (1651–1733). Er stand seit 1678 in Bamberger Diensten, wurde 1689 mit dem Titel „von Bebenburg" geadelt, leitete seit 1691 als Vizekanzler die Bamberger Regierung und kaufte sich das Schloss Kirchschletten. Das „Stammhaus" der Kargs blieb jedoch das anspruchsvolle Barock-Palais Lange Straße 27, das 1967 für den Neubau der Sparkasse abgebrochen wurde. In seinem Umkreis konnte die Familie bis 1750 zehn Häuser erwerben. Die Lange Straße änderte damit ihre bisherige Sozialtopographie und wurde vom Handelsdienstleistungszentrum mit Schmieden, Herbergen und Handwerkern zur ‚feinen Adresse'.

Der Ruhm, den das Bauen verschafft, hat aber vor allem Ignaz Tobias Böttinger (1675–1730) zu bleibender Erinnerung verholfen. 1702 ernannte Lothar Franz den Juristen zum Hofrat und machte ihn zu seinem Gesandten beim (Reichs-) Kreistag in Nürnberg. In den Reichskreisen hatten sich kleinere Territorien zusammengeschlossen, um gemeinsam stehende Heere aufstellen und sich so gegen die großen Länder besser durchsetzen zu können. Der Bamberger Bischof war der Direktor des Fränkischen Reichskreises. Im Spanischen Erbfolgekrieg (1701–13) engagierte sich Lothar Franz stark für den Kaiser. Sein Reichskreisdirektorialgesandter Böttinger hatte die Versorgung der kaiserlichen Armee zu organisieren und verdiente dabei so gut, dass er sich anschließend höchst prachtvolle Bauten leisten konnte. 1707 begann er in der Judenstraße mit dem Bau eines an italienischen Palazzi orientierten Palais, das bis heute seinen Namen trägt. Das „Böttingerhaus" erzählt mit überreichen Verzierungen hauptsächlich martialischen Inhalts vom Aufstieg und Erfolg seines Herrn, sehr zum Verdruss der adeligen Nachbarn. Doch bei seiner Fertigstellung 1713 war es schon unmodern geworden und außerdem für Böttingers große Familie mit 10 Kindern höchst unbequem. Vom Hofbaumeister seines Fürsten, J. Dientzenhofer, ließ er sich bereits drei Jahre später ein weiteres Schloss bauen, das heute „Villa Concordia" genannt wird und das „Internationale Künstlerhaus" beherbergt. Lothar Franz von Schönborn förderte solche Bauvorhaben mit allen Mitteln, denn für niemanden hatte er mehr Verständnis und Sympathie als für jene, die gleich ihm vom „Bauwurmb" besessen waren. So hielt er seine Hand auch über Anselm Geisendörfer, den unehelichen Sohn des Domherrn Philipp Faust von Stromberg, den er mit Unterstützung eines Trupps Soldaten 1724 im Kloster Michelsberg als Abt durchsetzte. Anselm versuchte die ans Wohlleben gewöhnten adeligen Mönche mit frühmorgendlichen Andachten zu disziplinieren, was diese ebenso wenig goutierten wie seine Bauwut. Vor allem bei der Ausstattung von Kirche und Kloster stellte Abt Anselm allerhöchste Ansprüche an die Qualität, was natürlich entsprechend teuer bezahlt werden musste. So entstanden mit dem Chorgestühl der Michelskirche und dem Stuck der Heiliggrab-Kapelle Juwelen barocker Kunst in Franken.

Nach und nach bekam fast die ganze Stadt ein neues Kleid, sodass Bamberg heute zu den bedeutendsten Barockstädten Europas zählt. Alle Kirchen und Kapellen wurden barockisiert, viele Häuser bekamen eine barocke Fassade, auch wenn sich dahinter oft noch der alte Fachwerkbau verbirgt. Vorbild für all diese Baumaßnahmen war natürlich der Fürstbischof selbst mit seiner beeindruckenden Neuen Re-

Fürstbischof Lothar Franz von Schönborn, der „Sonnenkönig" Bambergs, regierte als absoluter Herrscher und machte Bamberg zur Barockstadt.

sidenz. 1693 hatte Lothar Franz vor seiner Wahl durch die Domherrn eine „Kapitulation“ mit 130 Paragraphen unterschreiben müssen. Besonders unangenehm war ihm, dass er *keine neue schlösser bauen oder die Eingefallenen kostbarlich reparieren* lassen dürfe. Als 1695 der Papst alle Wahlkapitulationen grundsätzlich für rechtsungültig erklärte, unterstützte das nicht nur den absoluten Herrschaftsanspruch des Fürstbischofs, sondern befreite ihn auch von dem lästigen Bauverbot. Bereits im April 1695 gab Lothar Franz seinem Hofbaumeister Leonhard Dientzenhofer den Auftrag für eine neue Residenz in Bamberg. Dientzenhofer errichtete bis 1707 eine mehrflügelige barocke Anlage, deren Erweiterung an Stelle der Alten Hofhaltung allerdings durch den Spanischen Erbfolgekrieg unterbrochen wurde und nie mehr erfolgte. Mit dem Neubau der beiden Flügel am Domplatz wurde auch eine neue städtebauliche Konzeption verwirklicht. Durch den Abbruch der mittelalterlichen Domherrnkurien an der vorderen Hangkante des Dombergs wurde die Geschlossenheit der mittelalterlichen Burg aufgerissen, der Blick konnte frei hinweggleiten über die Stadt, den Hauptsmoorwald und Schloss Seehof bis zur Linie des Jura am Horizont, gekrönt von der bischöflichen Giechburg.

Blickbeziehungen und Raumgefühl waren Wesenselemente barocken Städtebaus. Als Lothar Franz 1698 einen neuen Brunnen für den „Grünen Markt“ bestellte – er zeigt Neptun, wegen seiner dreizackigen Harpune „Gabelmann“ genannt –, da musste der Bildhauer Kaspar Metzner ein lebensgroßes Holzmodell erstellen, das auf dem Platz verschoben wurde, bis die Raumlinien stimmten. Das Stadtganze wurde zur ‚Plastik‘, die es zu formen galt. Und mit Details zu schmücken: Brunnen, Brückenfiguren, Hausmadonnen – die Stadt begann zu leuchten. Innen und außen und rundherum wurden die Gebäude im neuen Stil ausstaffiert. Von der Türklinke über die Tapeten bis zu den Schornsteinen, von den Gärten bis zur umgebenden Landschaft war nichts vor den ganzheitlichen barocken Gestaltungswünschen sicher. Das gab Bauhandwerkern und Künstlern aller Art reichlichen Verdienst. Der Bauboom der Barockzeit war ein Konjunkturmotor, der

Mit der Jesuitenkirche (heute „Martinskirche“) am „Grünen Markt“, errichtet ab 1686 nach Plänen Georg Dientzenhofers, begann die Barockisierung Frankens.

weit anregender wirkte, als die weiteren merkantilistischen Maßnahmen des Fürstbischofs: die Seidenspinnereien, die Wiederbelebung des Bergbaus, der Verkauf von Verurteilten als Galeerensklaven nach Venedig und Ähnliches.

Die Dientzenhofer

1686 planten die Bamberger Jesuiten, endlich die alte enge Karmelitenkirche in der Austraße, die sie übernommen hatten, zu ersetzen durch einen Aufsehen erregenden ‚modernen' Bau mitten im Handelszentrum der Stadt am „Grünen Markt", ein gewaltiges Bauwerk nach dem Vorbild ihrer Mutterkirche in Rom, das schon durch seine Ausmaße und die laute Sprache der Fassade die Bedeutung der Jesuiten und der Kirche im Stadtorganismus demonstrieren sollte. Sie beriefen den Baumeister Georg Dientzenhofer nach Bamberg, wo er tatsächlich den Riesenbau in nur sieben Jahren fertig stellte.

Als Bauleiter für die Jesuitenkirche (heute St. Martin) holte Georg Dientzenhofer seinen Bruder Johann Leonhard, der 1686 Bürger von Bamberg wurde und den Bau nach dem Tod seines Bruders († 1689) beendete. Er beeindruckte Lothar Franz so, dass der Fürstbischof ihn 1690 zum Hofbaumeister ernannte und 1695 mit dem Bau seiner Residenz beauftragte. Als Leonhard ein Jahr später auch noch die Erneuerung von Kloster Michelsberg übernahm, während gleichzeitig die Baumaßnahmen am Kloster Ebrach (seit 1686) und am Bamberger Karmelitenkloster (seit 1692) weiterliefen, kam ihm sein jüngster Bruder Johann zu Hilfe. Als Leonhard 1707 starb, bewarb sich Johann um dessen Hofbaumeisterstelle. Bamberg verdankt ihm die Fassade von St. Michael, die „Concordia", das Bibra-Haus und vor allem Schloss Pommersfelden, wo er ab 1711 mit den berühmtesten Architekten seiner Zeit, vor allem aber mit Fürstbischof Lothar Franz und seinen „Baudiregierungsgöttern" zusammen ein absolutes Highlight barocker Baukunst schuf.

Reformen und Rückschläge

Am 30. Januar 1729 starb Lothar Franz mit 74 Jahren. Seine Nachfolge in Bamberg hatte er schon lange für seinen Lieblingsneffen Friedrich Carl von Schönborn (1729–46) sichern können, so, wie er auch zahlreiche andere Neffen mit einträglichen geistlichen Stellen versorgte. Für Friedrich Carl muss es nicht leicht gewesen sein, sein Amt als politisch mächtiger Reichsvizekanzler aufzugeben und aus der Weltstadt Wien nach Bamberg zu kommen. Im Mai 1729 wurde er immerhin auch Bischof von Würzburg. Im Herbst dieses Jahres beeindruckte er die Bamberger mit einem überaus prächtigen Fest. Da besuchten ihn nämlich drei seiner Brüder, der Kurfürst von Trier, der Kardinal von Speyer und der Dompropst von Eichstätt und Bamberg. Es wurde alles geboten, was barocke Festkultur zu bieten hatte. Doch die Politik der folgenden Jahre war geprägt von der eher unfestlichen Wirklichkeit. Friedrich Carl hatte von seinem Onkel zwar dessen gesamtes Vermögen samt der Schlösser Pommersfelden und Gaibach geerbt, allerdings auch private Schulden von unvorstellbaren 800 000 Gulden und Staatsschulden von 132 000 Gulden.

Wie Lothar Franz empfand Friedrich Carl sich als gestrenger „Vater" seiner Staaten. Er wollte deren „Wohlfahrt" u. a. durch Reformen im Justiz- und Finanzwesen, durch Straßenbau, Förderung des Handels, Arbeitsbeschaffungsmaßnahmen und eine aktivere Armenfürsorge erreichen. Voraussetzung für die gute Leitung eines Staates schien Friedrich Carl eine fundierte juristische Ausbildung. Deshalb erweiterte er die Bamberger Akademie 1735 um eine juristische Fakultät, wo der erste deutsche Lehrstuhl für Staatsrecht eingerichtet wurde. Vor allem aber war ihm die religiöse Sättigung seines Landes wichtig. 150 Kirchen wurden in seiner Zeit im Bistum Bamberg gebaut. Alle Baupläne ließ er von seinem Würzburger Baudirektor Balthasar Neumann (1687–1753) prüfen. In Bamberg wurden Neumanns Planungen oft von Jakob Michael Küchel und Justus Heinrich Dientzenhofer umgesetzt, wie zum Beispiel das Priesterseminar und das Katharinenspital, die um 1730 beidseits der Stadtpfarrkirche St. Martin (am heutigen Maxplatz) entstanden.

Bamberg wurde weiter herausgeputzt. Neumann selbst entwarf 1730 das neue Domkapitelhaus neben dem Dom. Von ihm stammten auch die Pläne für die Untere Brücke mit sechs

Figuren von Peter Benkert, von denen bis heute nur die hl. Kunigunde erhalten blieb. Vor das als hässlich empfundene mittelalterliche Fachwerk des Brückenrathauses hängte man neue Wände, die Johann Anwander 1755 mit großen Tugendallegorien bemalte. Der Turm auf der Oberen Brücke wurde mit Sandstein verkleidet und mit zierlichen Balkonen geschmückt.

Eine weitere Attraktion erhielt Bamberg 1752 mit der großartigen Seesbrücke über den rechten Regnitzarm. Fürstbischof J. Philipp Anton von Franckenstein (1746–1753) beauftragte Küchel und Neumann mit der Planung dieser „Königin der Brücken Frankens", auf die er so stolz war, dass sie sogar auf seinem Grabmal in der Michelskirche abgebildet ist. Ein Glück, dass er nicht wusste, dass sie schon 1784 einem Hochwasser zum Opfer fallen würde. Fast unbeachtet blieb dagegen eine Entscheidung Franckensteins, die Jahrhunderte vorher der innigste Wunsch der Bamberger Bürger gewesen war: die Aufhebung der Immunitäten 1750.

Voraussetzung für diese Blütezeit war die kluge Politik der Fürstbischöfe, die es fertig brachten, das Hochstift Bamberg lange Jahrzehnte aus allen Kriegen herauszuhalten. Unter dem letzten „Schönborn", dem Neffen Friedrich Carls, Adam Friedrich von Seinsheim (1757–79), wurde es aber dann doch in den Siebenjährigen Krieg (1756–63) zwischen Österreich und Preußen hineingerissen. Viermal fielen die Preußen zwischen 1758 und 1762 in Bamberg ein, plünderten, pressten junge Männer zum Militär, nahmen Geiseln, konfiszierten das gesamte Hof- und Kirchensilber und verlangten überdies die wahnsinnige Summe von 5 Millionen Talern Kontribution. Bamberg musste deshalb 1759 seine Kärntner Besitzungen an Österreich verkaufen. Die tradierte Aversion gegen die Preußen hat hier einen Ursprung: *Die Preußn sen kumma, hom alles mitgnumma* … Der Krieg verschärfte noch das größte Problem des 18. Jahrhunderts, das alle Pracht nicht zudecken konnte: die ständig wachsende „Not der kleinen Leute", die überhand nehmende Armut.

Die Schattenseite des Glanzes: Armut und Not

Das Bettelwesen hatte im 18. Jahrhundert ein nie gekanntes Ausmaß angenommen. Zu den Entwurzelten des Dreißigjährigen Krieges kamen immer größere Scharen von Menschen, die wegen des rapiden Bevölkerungswachstums seit dem Ende des 17. Jahrhunderts einfach keine Arbeit mehr fanden, in die Armut abrutschten und schließlich auf der Straße landeten. Im Mittelalter wurden die Armen durch private Almosen und karitative Stiftungen versorgt. Diese Lösung versagte aber jetzt, weil zu viele an die Türen klopften und weil zu viele selbst kaum das Nötigste zum Leben hatten. Also versuchte der absolutistische Staat, das Problem in den Griff zu bekommen.

1732 errichtete Fürstbischof Friedrich Carl von Schönborn in Bamberg ein „Zucht- und Arbeitshaus“, das seine Insassen aber schon 15 Jahre später anzündeten. Daraufhin wurde auf dem Grundstück des leer stehenden Elisabethenspitals ein gewaltiges Zuchthaus für *arbeitsfähige Arme* gebaut, das heute noch als Gefängnis dient. 1761 fügte man ein Haus für arme Kinder an. Beides vermietete die Regierung an Unternehmer, die die billigen Arbeitskräfte zum Beispiel zur Herstellung von Brillengläsern einsetzten. Zwei der Häftlinge erfanden damals eine Maschine zum Schleifen von Brillen- und Brenngläsern. 1787 wurden zwei Spinnsäle eingerichtet, wo ein Sortiermeister und eine Spinnlehrerin in zwei Jahren mehr als 500 Personen die Baumwollspinnerei beibrachten.

Bamberg und Posen

Um der Gefahr des Abstiegs in die Armut vorzubeugen, bekamen nur diejenigen einen *Kopulationsschein*, also die Erlaubnis zum Heiraten, die ein bestimmtes Vermögen vorweisen konnten, was zu tragischen Schicksalen führte. Vielen blieb nur die Auswanderung. So zogen seit 1719 immer wieder Gruppen von Bamberger Gärtnerfamilien, deren Grundstücke durch die in Franken übliche Erbteilung zu klein für eine ausreichende Ernährung geworden waren, nach Polen. Die Stadt Posen und ihre Dörfer waren durch den Nordischen Krieg und eine Pest fast entvölkert und hatten die „Bamberger" gezielt angeworben. Die Erinnerung daran ist bis heute präsent und hat zu engen Kontakten zwischen den Bamberger Gärtnern und den Posenern geführt.

Der Sozialreformer: Franz Ludwig von Erthal

Sagen Sie daher meinen lieben Bürgern, dass ich sie liebe und nie aufhören werde, sie zu lieben, sagte Fürstbischof Franz Ludwig bei der Einweihung des Allgemeinen Krankenhauses am 11. November 1789 unter Tränen. Und er fügte hinzu, dass er immer *den Grundsatz genährt habe: Der Fürst sei für das Volk da und nicht das Volk für den Fürsten.* Diese Sätze zeigen die Motivation Franz Ludwigs, die ihn zu seinem großen Reformwerk trieb. Er war überzeugt, dass der Fürst ein Vorbild für das Volk zu sein habe. Deshalb lebte er persönlich äußerst sparsam und gab den Großteil seiner privaten Einkünfte für soziale Zwecke aus. Das Lustschloss Seehof einschließlich des Theaters wurde geschlossen, es gab keine teueren Jagden und Bälle mehr, Empfänge wurden auf das repräsentativ Notwendige beschränkt.

Der 49-jährige Jurist, Domherr in Bamberg und Würzburg, war im Auftrag Kaiser Josephs II. Konkommissar beim Reichstag in Regensburg, als er 1779 zum Fürstbischof von Würzburg und Bamberg gewählt wurde. Er stürzte sich mit Energie und Disziplin in die neue Aufgabe, las jedes eingehende Schriftstück und hatte nach einem dreiviertel Jahr bereits weit über 2000 Verordnungen erlassen. Er examinierte die Kinder in der Schule, teilte die Krankenkommunion aus und besuchte in den Spitälern jede Stube.

Um 1780 hatte Bamberg etwa 21 000 Einwohner, die damals noch weitgehend innerhalb der mittelalterlichen Stadtmauern lebten. Einer der Haupterwerbszweige war die Gärtnerei mit 386 Meister-Betrieben, doch der größte Arbeitgeber war nach wie vor der „Domberg", die fürstbischöfliche Regierung, der fürstbischöfliche Hof und das Domkapitel. Auch die sieben Klöster der Stadt sicherten viele Arbeitsplätze, von den

Unter dem Sozialreformer Fürstbischof Franz Ludwig von Erthal gehörte Bamberg zu den bestregierten Staaten Europas.

unterschiedlichen Handwerkern über Gärtner und Weingärtner bis zu Kutschern und Boten. 2% der Einwohner Bambergs waren Geistliche und Ordensleute, 13% Handwerker, 6,6% Dienstboten und immerhin 14% registrierte Arme. Die genauen Zahlen verdankt man der Vorgehensweise Franz Ludwigs, der vor der Durchführung einer neuen Maßnahme gründlich den jeweiligen Zustand und die Ursachen für Missstände erforschen ließ.

Als Erstes wandte er sich der Bekämpfung der Armut zu. Er regte seine Beamten an, sich grundsätzlich Gedanken zu diesem Problem zu machen. Für die beste Lösung war ein Preis von 30 Dukaten ausgesetzt. Die Gründung von Armeninstituten in Würzburg und Bamberg, die Neustrukturierung der Zucht- und Arbeitshäuser und die Errichtung des Krankengesellen- und des Krankendienstboteninstituts – Vorläufer unserer Krankenkassen – ließen ein System der Sozialfürsorge entstehen, das so vorbildlich war, dass es 1816 der bayerischen „Armenordnung“ zugrunde gelegt wurde und in seinen Grundzügen bis zur Bismarckschen Sozialgesetzgebung gültig blieb.

Eines von Franz Ludwigs Lieblingsthemen war die Verbesserung des Schulwesens. 1780 gab es in Bamberg 11 deutsche und zwei lateinische Grundschulen. Der Schulbesuch war aber sehr unregelmäßig. 1783 kamen von 676 Kindern, die der Oberen Pfarre zugewiesen waren, nur 281 zur Schule. Franz Ludwig versuchte sich zunächst durch eine Umfrage ein Bild über die Schulsituation zu machen, die durch die päpstliche Aufhebung der Jesuiten 1773 grundsätzlich verändert war. Die Schulkommission, der das gesamte Lehrpersonal unterstellt wurde, bekam nun umfassende Kompetenzen für die Neueinrichtung von Schulen, die Gestaltung von Lehrplänen und die Einführung von Schulbüchern. 1788 wurde ein Seminar zur Ausbildung der Lehrer eingerichtet. Für die Schulbildung von Mädchen gab es in Bamberg nur die Englischen Fräulein, die 1717 gegen größte Widerstände gegründet worden waren und finanziell kaum über die Runden kamen. Franz Ludwig sorgte mit großen privaten Spenden dafür, dass sie neue Schulräume bauen und den Unterricht verbessern konnten. Außerdem ließ er drei weitere Mädchenschulen in Bamberg – am Kaulberg, im Sand und in der Wunderburg – einrichten. Die „Industrieschulen“, die er durchsetzte, waren eine Art Berufsschule, wo die Kinder in angegliederten „Industriegärten“ Grundlagen der Landwirtschaft erlernen konnten. Auch die Gymnasien wurden reformiert und den Studenten strenge Verhaltensregeln auferlegt, wobei das Verbot des öffentlichen Badens weniger einleuchtet als das Verbot des Alkoholtrinkens in Wirtshäusern.

Für seine Reformen auf dem Gebiet des Medizinwesens fand Franz Ludwig einen kongenialen Partner: seinen Leibarzt Dr. Adalbert Friedrich Marcus (1753–1816). Marcus war 1777 nach Bamberg gekommen. Er entstammte einer jüdischen Familie aus Arolsen und hieß damals noch Israel. Nach Eröff-

Fürstbischof Franz Ludwig von Erthal und sein Leibarzt Dr. Adalbert Friedrich Marcus schufen das „Allgemeine Krankenhaus“ (1789), die modernste Krankenanstalt ihrer Zeit.

nung seiner Praxis machten ihn einige spektakuläre Heilerfolge bald sehr bekannt. Franz Ludwig, der zeitlebens kränklich war, konsultierte ihn schon als Domherr und vertraute ihm bald völlig. Nach seiner Wahl wollte er ihn zu seinem Leibarzt machen. Obwohl Franz Ludwig keinerlei Vorbehalte gegen Juden hatte, musste Marcus für diese Stelle katholisch werden. Der Fürstbischof selbst taufte ihn in der Hofkapelle auf die Namen Adalbert Friedrich. Mit Marcus zusammen entwickelte er den Plan für das „Allgemeine Krankenhaus“, das 1789 eingeweiht wurde und damals das modernste Krankenhaus Europas mit vorbildlichen hygienischen und versorgungstechnischen Einrichtungen war.

Durch diese und weitere Reformen, z. B. auf dem Gebiet der Justiz, gehörten die Hochstifte Bamberg und Würzburg unter Franz Ludwig zu den am besten regierten Staaten Europas. Aber auch Anstrengungen wie die seinen konnten den Kollaps des alten Feudalsystems und der geistlichen Staaten nicht mehr aufhalten. Franz Ludwig wusste das. *Wir werden das Stück Tuch abgeben, aus welchem man für Freund und Feind Entschädigungen zurechtschneiden wird*, prophezeite er. Doch das hat er nicht mehr erleben müssen. Am 14. Februar 1795 starb er, vom Volk tief betrauert.

Beginn der Romantik

Franz Ludwig von Erthal ist gelehrt, hat große Kenntnisse der Welt und der Geschäfte, und ist niemals für bigott angesehen worden, bemerkte der Berliner Schriftsteller und „Protagonist der preußischen Aufklärung" Friedrich Nicolai bei seinem Besuch 1781 in Bamberg. Ansonsten fand er an der Stadt nicht viel Löbliches: Die Frauen seien *nichts weniger als schön*, die Universitätsbibliothek unter aller Kritik, Gelehrte traf er nicht an, und das Wetter war auch miserabel. Nicolai war nur einen Tag lang in Bamberg und es ist erstaunlich, was er in dieser Zeit alles gesehen und beurteilt hat. Erstaunlich ist auch, welch weitreichende Wirkung seine Beschreibung hatte: Franz Ludwig ordnete 1789 sogleich die Einrichtung einer „öffentlichen Bibliothek" an *zur Verscheuchung der Schande, womit die Ehre Bambergs* beschmutzt wurde. Doch der ‚Bamberg-Tourismus' hatte bereits Schaden erlitten. 1797 schrieb Klemens Baader: *Die Stadt hat einmal das Unglück gehabt, Herrn Nicolai zu missfallen, obwohl er sie im Grunde gar nicht kennen lernte, und seitdem ist es unter dem Reisebeschreibergesindel Mode, diesen Ort ebenso herabzuwürdigen.*

Das änderte sich gründlich in der folgenden Generation. Für die Romantiker wurde die Stadt zum Schlüsselerlebnis. Das begann mit Wilhelm Heinrich Wackenroder und Ludwig Tieck. Die beiden Berliner, 20 Jahre alt und unzertrennliche Freunde, waren im Sommersemester 1793 nach Erlangen zum Jurastudium gekommen. Viel Rechtswissen können sie sich dort nicht erworben haben, denn sie verbrachten die meiste Zeit mit Ausflügen in die Umgebung. Wackenroder beschrieb diese Reisen ausführlichst in Briefen, u. a. an seine Eltern. Allein sein erster Bericht über Bamberg ist im Druck 36 Seiten lang. Dabei faszinierte den jungen Mann genau das, was den Aufklärer abgestoßen hatte: das „katholische" Verhalten der

Bewohner, die Verbindung zum Mittelalter, die verwunschenen Gassen, das „Nicht-Vernünftige“ in der Seele der Menschen. In diesen Briefen ist vieles vorgebildet, was die Dichtung der Romantik prägen wird. Der Besuch Wackenroders im Bamberger Dom am 13. Juli 1793 wird deshalb manchmal als ein „Geburtstag der deutschen Romantik“ bezeichnet.

Von der „mittelmäßigen“ Stadt zum Weltkulturerbe (1802–2005)

Umbruch und Säkularisation

Nach der Französischen Revolution 1789 flohen viele Franzosen nach Deutschland. Unter allen fränkischen Städten nahm Bamberg die meisten Flüchtlinge auf. Sie brachten Umgangsformen und Gedanken mit, die frischen Wind ins konservative Bamberg brachten. Dann brach 1792 der „Erste Koalitionskrieg“ zwischen dem revolutionären Frankreich und den alliierten europäischen Staaten aus. 1796 besetzten die Franzosen auch Bamberg, Offiziere und Soldaten wurden auf die Häuser zur Verpflegung verteilt und sehr viele Verwundete ins „Allgemeine Krankenhaus“ eingeliefert. Zunächst verhielten sich die Bamberger abwartend. Doch dann wollte General Jourdan aus der Stadt eine unerfüllbar hohe Kontribution (4 Millionen Pfund, 100 000 Kleidungsstücke, 100 000 Schuhe, 10 000 Stiefel) herauspressen und nahm zur Durchsetzung 20 Geiseln. Deshalb war der Jubel der Bevölkerung groß, als am 30. August 1796 die Österreicher die Franzosen aus Bamberg vertrieben. Im Zweiten Koalitionskrieg wurde Bamberg 1799 erneut besetzt. Die Franzosen blieben hier bis zum Frieden von Lunéville am 3. April 1801. Im Friedensvertrag wurde beschlossen, die geistlichen Staaten aufzulösen und damit die deutschen Fürsten für ihre Verluste links des Rheins zu entschädigen.

Das führte zum größten Umbruch in Bambergs Geschichte seit der Bistumsgründung: zur Säkularisation. Damit endete Bambergs Zeit als Hauptstadt des Hochstifts Bamberg. Diese Rolle hatte die Stadt fast 800 Jahre lang gespielt. Jetzt wurde sie dem Kurfürstentum Bayern zugeteilt. Es ist merkwürdig, wie lautlos der einschneidende Regierungswechsel vor sich ging. Am 6. und 7. September 1802 marschierten die bayerischen Truppen in Bamberg ein, ohne auf Widerstand zu stoßen. Niemand bedauerte die Abdankung des senilen letzten Bamberger Fürstbischofs Christoph Franz von Buseck (1795–1802). J. H. Jaeck schrieb: *Die frühere Furcht vor dem Finsterniß gebietenden Domkapitel und Fürsten* habe sich verloren; *ein regerer Eifer für freiere Ansichten beseelte Literaten und Handel. Alle wahren Vaterlands-Freunde* hätten die *Veränderung mit Sehnsucht* erwartet.

An der Spitze Bambergs stand jetzt der Generalkommissar bzw. die Landesdirektion. Deren Leitung übernahm 1803 Stephan Nikolaus Freiherr von Stengel. Mit ihm bekam Bamberg einen äußerst kunstsinnigen und aufgeschlossenen Regierungsvertreter. 1810 wurde die Landesregierung zwar nach Bayreuth verlegt, Bamberg behielt aber das Appellationsgericht (Oberlandesgericht), wo von 1814–16 der berühmte Strafrechtler Anselm von Feuerbach (1775–1833) wirkte.

Das Bistum Bamberg war seit der Säkularisation ein kirchlicher Verwaltungssprengel ohne staatliche Funktionen. Nach dem Tod Busecks 1808 blieb der Bischofsstuhl bis 1817 unbesetzt. In diesem Jahr wurde Bamberg zum Erzbistum von Nordbayern erhoben, dem die Bistümer Würzburg, Eichstätt und Speyer unterstellt wurden. Auch wenn es jetzt keinen Fürstbischof mehr gab – den Glanz eines fürstlichen Hofes mussten die Bamberger nicht ganz entbehren. Herzog Wilhelm in Bayern (1752–1837) aus der wittelsbachischen Seitenlinie Zweibrücken hatte sein Land, das Herzogtum Berg, an einen französischen General abtreten müssen und als Ausgleich dafür das Kloster Banz und die Neue Residenz in Bamberg erhalten. Dort hielt er in Erinnerung besserer Zeit in strenger Förmlichkeit Hof.

Neben den ehemaligen „Staatsgebäuden“, wie der Neuen Residenz, fielen auch die Gebäude der säkularisierten geistlichen Institutionen an Bayern, in Bamberg allein 7 Klöster und 3 Kollegiatstifte. Man meinte, *durch die Hinwegräumung verschiedener unnützer Kapellen und Thore (der Stadt) ein freundlicheres Ansehen* verleihen zu können: 1803 wurde die Ägidienspitalkirche und 1804 die alte Martinskirche abgebrochen, 1805 die Leonhardskapelle, 1809 die Katharinenkapelle und das Mittlere Kaulberger Tor, 1811 die Franziskanerkirche St. Anna. Bürger verhinderten den Abbruch der Jakobskirche und der Sebastianikapelle. Sie begannen sich gegen die rigorosen Eingriffe der bayerischen Regierung in das religiöse Leben und die überlieferten Bräuche zu wehren: das Verbot von Prozessionen, Wallfahrten und Krippen und die Zerstörung und Beschlagnahmung von Kunstschätzen.

In diesem Umfeld entwickelte das von traditionellen Schranken befreite Bürgertum enorme Aktivitäten. Das kulturelle Leben blühte auf wie eine Wüste nach dem Regen. Berge von Kunstschätzen, die durch die Säkularisation auf den Markt geschwemmt worden waren, wurden in privaten Sammlungen von Bamberger Bürgern (Joseph Hemmerlein, Andreas Schellenberger, Ignaz Heunisch, Stephan von Stengel, Dr. Lukas Schönlein, Joseph Heller u. a.) gerettet. 36 solcher Kunstsammlungen hat es zu Beginn des 19. Jahrhunderts hier gegeben. Etliche davon sind in Bamberger Museen verblieben, die große Kollektion von Martin Joseph von Reider bildet den Grundstock des Bayerischen Nationalmuseums in München. Ein anderer, der aus den aufgelösten Einheiten etwas großartiges Neues schuf, war der Bibliothekar Joachim Heinrich Jäck, der die Bestände der aufgehobenen Stifts- und Klosterbibliotheken zu der großen kurfürstlichen, dann königlichen Bibliothek zusammenführte, der heutigen Staatsbibliothek, deren Handschriftenbestände sie zu einer der bedeutendsten Bibliotheken Deutschlands machen.

Ein emanzipierter Bürger – Dr. Marcus

Soviel Anfang war selten. Um 1800 begann eine neue Epoche, getragen vom emanzipierten Bürgertum. Prototyp eines solchen Bürgers war Dr. Adalbert Friedrich Marcus, Leibarzt der letzten beiden Bamberger Fürstbischöfe. Die Säkularisation, die den Aufbau neuer Strukturen ermöglichte, war eine Sternstunde für einen so umfassend denkenden Mann wie Marcus. Er hatte das „Allgemeine Krankenhaus“ in Bamberg durch die Berufung hervorragender Kollegen zu einer der führenden medizinischen Schulen gemacht, wohin Ärzte und Naturwissenschaftler aus ganz Europa kamen. Jetzt legte er einen Generalplan für den Aufbau eines landesweiten Medizinwesens vor, was von der neuen Regierung dankbar angenommen wurde. Schon am 31. Januar 1803 wurde er vom bayerischen Kurfürsten zum Medizinaldirektor für Würzburg und Bamberg ernannt. Als Erstes schlug er die Errichtung von „Stadt- und Landphysikaten" vor, mit denen die medizinische Versorgung der Bevölkerung durch staatliche besoldete Ärzte, Hebammen und Chirurgen auch auf dem Land gesichert wurde, ein System, das nach dem Bamberger Vorbild in ganz Bayern übernommen wurde.

Neben dieser Grundsatzmaßnahme setzte Marcus in Bamberg zahlreiche neue Gesundheitsanstalten durch, wozu ihn auch die durch die Säkularisation leer werdenden Gebäude inspirierten. Das Kloster Michelsberg wurde zum Altersheim „Bürgerspital", wohin die Bewohner aus dem Katharinenspital überführt wurden. Das war von Balthasar Neumann nur 40 Jahre zuvor gebaut worden, doch Marcus stellte ihm ein verheerend schlechtes Zeugnis aus: in jenen *unreinen Behältnissen* würde selbst ein Gesunder krank. Auf dem Michelsberg dagegen hätten die Pfründner Licht, Luft und Sonne. Im Aufsessianum richtete er das „Haus für Unheilbare" ein. Die alte Hofwaschanstalt wurde 1804 umgebaut zu einer Entbindungs-Anstalt für Mädchen mit unehelichen Kindern, wo Hebammen und Geburtshelfer praktischen Unterricht bekamen, denn Marcus bestimmte, dass nur noch ausgebildete und geprüfte Hebammen und Wundärzte zugelassen wurden.

In der Propstei St. Getreu schuf er das erste moderne „Irrenhaus" Deutschlands. Bereits am 9. Januar 1803 legte Marcus dem Kurfürsten Max IV. Joseph seine *Ideen über die Errichtung eines Irrenhauses* vor. Im „Dollhaus" in Bamberg lägen die Wahnsinnigen in *fünf finsteren, dumpfigen und mit eklem Geruch angefüllten Ställen auf halb verfaultem Stroh*. Ihr Zustand sei namenlos elend und traurig. Er schlug deshalb vor, in St. Getreu, das *eine der romantischsten Aussichten in Deutschland* hat, eine Anstalt für 40 Personen einzurichten und übernahm unentgeltlich die gesamte Organisation. Am

Der Dichter, Komponist und Maler E. T. A. Hoffmann lebte von 1808–1813 unter meist schlechten finanziellen Umständen in Bamberg, oft unterstützt von Dr. A. F. Marcus. – Gemälde von E. T. A. Hoffmann (rechts im Bild).

28. Februar 1804 wurden ihm die Schlüssel für das Gebäude gegeben und im April 1805 konnten die ersten Patienten einziehen. Nach kurzer Zeit waren es 20 Personen mit zum Teil recht „romantischen" Krankheitsursachen: z. B. *unglückliche Liebe* oder *heftige Gemüthserschütterung durch Schreiben*. Besonders interessant sind diese Diagnosen in Hinblick auf die Eindrücke, die der berühmteste Besucher der Anstalt, E. T. A. Hoffmann, mitnahm und verarbeitete. In seinen Werken kommt Marcus häufig als begnadeter Nervenarzt vor.

Doch nicht nur in seinem Beruf war Marcus wegweisend. Er krempelte auch das gesellschaftliche Leben Bambergs um. Früher gab es hier für die Bürger nicht viele Möglichkeiten, sich zu vergnügen. Intellektuelle Anreize waren rar gesät. Es existierten bis zur Mitte des 18. Jahrhunderts in Bamberg keine öffentlichen Bibliotheken, keine Buchhandlungen, keine Tageszeitung, keine Museen oder Ausstellungen, keine Konzerte außerhalb der Kirchen und kein Theater. Mit Marcus wurde das anders. Er organisierte Spiele, Hausmusiken, Tanzabende, lebende Bilder, Bälle und Theaterstücke. 1791 gaben Marcus und seine Freunde dem Ganzen eine organisatorische Form. Sie gründeten den „Club", der in der „Gesellschaft Harmonie" bis heute fortlebt.

Es war eine geistig fortschrittliche Gruppe, aufgeklärt, liberal, religiös tolerant und begierig nach Informationen über Neuentwicklungen auf wissenschaftlichem, vor allem medizinischem, kulturellem und politischem Gebiet. Ein Lichtblick waren Verlag und Buchhandlung von Tobias Göbhardt. Er versorgte Bamberg in der 2. Hälfte des 18. Jahrhunderts mit einer großen Zahl von Werken der französischen und deutschen Aufklärung und gehörte zu denen, die dafür sorgten, dass Bamberg um 1800 ein Hort liberalen Geistes war. Auch Bambergs erste Tageszeitung trug dazu bei. 1796 gründete Gérard Gley, der vor der Französischen Revolution nach Bamberg geflohen war, mit Unterstützung von Marcus und Graf Julius von Soden die „Bamberger Zeitung", die bis 1848 zu einem der fortschrittlichsten Blätter Deutschlands mit einem weit verzweigten Netz von Korrespondenten werden sollte. Im Beiblatt „Charon", das von Soden herausgegeben wurde, werden Menschenrechte und Pressefreiheit gepriesen, Wegweiser in eine neue Zeit.

Das Bamberger Stadttheater

Viele Menschen jener Zeit waren von der „Theatermanie" befallen, einer überwältigenden Lust, Theater zu spielen und zu sehen. Einer davon war A. F. Marcus. Er gründete für die Mitglieder seines „Clubs" eine Laienspielgruppe. 1797 fand die erste öffentliche Aufführung statt. Marcus schlug vor, den Erlös dem „Dienstboten- und Geselleninstitut" zu schenken, jener Krankenkasse, die er mit Fürstbischof Erthal gegründet hatte. Die Laienspielgruppe nahm an zwei Abenden die unglaubliche Summe von 1300 Gulden ein (zum Vergleich: ein Dienstbote verdiente im Jahr 6–10 Gulden, ein Handwerksmeister 52 Gulden, der Bibliothekar Jäck 300 Gulden, Marcus als Leibarzt in Bamberg und Würzburg und Chefarzt des Krankenhauses das Spitzeneinkommen von 1100 Gulden). Das lockte auch einen professionellen Theaterdirektor nach Bamberg, Dr. Daniel Gottlieb Quandt. Er war ein hochgebildeter Mann, der mit seinen Stücken und theoretischen Schriften den positiven Einfluss des Theaters auf die Volksbildung betonte, einer der besten Vertreter des neuen literarischen Theaters. Nach langen Querelen konnte Quandt nach dem Ende der Koalitionskriege schließlich im Mai 1801 zu spielen beginnen, in einem Gasthaussaal. Doch auf Dauer erwies sich ein eigener Theaterbau als unerlässlich. Mit der Unterstützung von Markus bat Quandt den Grafen Julius von Soden um Hilfe. Und der ließ sich auch breitschlagen und baute ein Theater, das am 3. Oktober 1802 eröffnet wurde. Aber Quandt kam mit Soden nicht zurecht, schon nach wenigen Wochen floh er. Soden übernahm das Theater selbst. Doch die finanzielle Lage wurde immer schwieriger, obwohl das Publikum ins Theater strömte. Als es einen großen Teil von Sodens Vermögens verschlungen hatte, verkaufte er es 1808 an die Wirtin Anna Maria Kauer, die den Landbauinspektor Ferdinand von Hohenhausen mit dem Bau eines neuen Gesellschaftshauses am Theater beauftragte. Im Oktober 1808 fand die erste Aufführung im Neubau statt: „Das Gelübde" des neuen Theaterdirektors Heinrich Cuno mit der Musik von E. T. A. Hoffmann.

E. T. A. Hoffmann

E. T. A. Hoffmann ist Bambergs Anteil an der Weltliteratur. Hier machte er die Erfahrungen, die sein Werk bis zu seinem Tod prägten – die Liebe zu seiner Schülerin Julia Marc und die Erkenntnisse, die er bei seinen Besuchen in der „Irrenanstalt" von der Nachtseite des Menschen erwarb. Graf Julius von Soden hatte den jungen, arbeitslosen preußischen Juristen, der so gern ein Komponist sein wollte, zum 1. September 1808 als Musikdirektor für das Bamberger Theater engagiert. Peinlicherweise hatte er aber bereits einen Mann auf diesem Posten: Anton Dittmayer, der seit vielen Jahren das Orchester des Theaters, das aus dem fürstbischöflichen Hoforchester ent-

Nach der Säkularisation 1802 entwickelte das Bürgertum kraftvolle kulturelle Aktivitäten. Symbolisch steht dafür das Bamberger Stadttheater, eröffnet 1802.

standen war, erfolgreich leitete. Man kann sich die Begeisterung der Musiker vorstellen, als sie nun einen unerfahrenen Dilettanten als neuen Chef vor die Nase gesetzt bekamen. Sie verdarben Hoffmanns erste Aufführung so gründlich, dass der neue Theaterdirektor Cuno ihn entlassen musste, um das empörte Publikum zu beruhigen. Hoffmann komponierte von da an Gelegenheitsstücke, eine schlecht bezahlte Tätigkeit. A. F. Marcus, der Hoffmanns Genie erkannt hatte und ihn unterstützte, wo immer er konnte, vermittelte ihn als Klavier- und Gesangslehrer in die reichen Häuser Bambergs, u. a. auch in das seines Bruders, des US-Konsuls Philipp Mark, der mit Getreidehandel im großen Stil sein Geld verdient hatte. Dessen Witwe Fanny sah den begabten Lehrer ihrer Töchter Wilhelmine und Julia zunächst nicht ungern. Sie lud den witzigen

Unterhalter, der ganze Gesellschaften zum Lachen bringen konnte, auch oft ein. Doch als drei Jahre später seine Leidenschaft für Julia unübersehbar wurde, schob sie der Affäre einen Riegel vor. Hoffmann war 20 Jahre älter als Julia, verheiratet und ein armer Schlucker. Die Sechzehnjährige wurde umgehend mit einem reichen Hamburger Kaufmann verlobt, Hoffmann das Haus verboten. Der Schmerz darüber machte ihn endgültig zum Dichter. Julia taucht unter verschiedenen Namen immer wieder in seinem Werk auf.

Hoffmann Beziehung zum Theater intensivierte sich wieder im Jahr 1810. Er hatte Marcus, der zu dieser Zeit mit einer Aktiengesellschaft das Bamberger Theater übernommen hatte, überreden können, seinen Freund Franz Holbein als Theaterdirektor einzustellen. Zusammen mit Holbein entwickelte er in diesen beiden Jahren Projekte, die Bamberg weit über den Rang einer Provinzbühne hinaushoben. Holbein hatte eine Truppe begabter Schauspieler mitgebracht, mit denen eine ungewöhnlich große Anzahl wertvoller Stücke erfolgreich aufgeführt werden konnte: 16 Mozartopern, viele Stücke von Lessing und Schiller, Kleists „Käthchen von Heilbronn“ und vor allem die wiederentdeckten Stücke von Calderon. Hoffmann kümmerte sich um alles: die Auswahl der Stücke, die Kostüme, das Bühnenbild, die Inszenierung; trotz der nach wie vor schlechten Gage war es für ihn eine gute Zeit. Doch dann gab es Ärger – möglicherweise ein Affäre zwischen Holbeins Frau und Marcus. Holbein verließ Bamberg. Hoffmann mied von da an das, wie er sagte, *in seine vorige Gemeinheit zurückgesunkene Theater* und suchte sich eine neue Stelle als Kapellmeister in Dresden. Am 23. April 1813 verließ er mit seiner Frau Bamberg für immer.

Biedermeier im Verein

Inzwischen hatte Napoleon begonnen, Europa zu erobern. 1806 musste Kaiser Franz I. auf die Kaiserkrone verzichten; damit war das „Heilige römische Reich deutscher Nation“ aufgelöst. Deutschland ergriff in jenen Jahren die „nationale Begeisterung“, die Sehnsucht nach einem Zusammenschluss zu einem einzigen deutschen Staat und zur Befreiung von Napoleon. Verbunden war diese Geisteshaltung sehr oft mit antimonarchischem, ja demokratischem Gedankengut. Zwar bestimmten nach dem Wiener Kongress 1815 in Europa wieder die restaurativen Kräfte das Geschehen, doch das Rad der Geschichte ließ sich nicht mehr ganz zurückdrehen – unter dem Deckel der Restauration schwelte der Funken weiter. Die Schwerpunkte bürgerlicher Aktivitäten freilich verlagerten sich in dieser Zeit des „Biedermeier“ aufs Häuslich-Ästhetische und Kulturelle. Charakteristisch dafür, und in Bamberg ganz besonders ausgeprägt, ist ein äußerst lebendiges Vereinsleben.

1818 gründete der königlich-bayerische Postmeister Anton von Grafenstein den „Altenburgverein“. Er ist neben der „Harmonie“ der zweite noch heute lebendige Verein, der im Grunde auf A. F. Marcus zurückgeht. Denn Marcus hatte im Jahr 1801 die Altenburg vom letzten Bamberger Fürstbischof gekauft. Er begeisterte sich für die Burg, die man damals für den Stammsitz des Grafen Adalbert von Babenberg hielt, weil er sich seinem angeblich gastfreundlichen und mäzenatischen Namensvetter geistesverwandt fühlte. Er lud viele Freunde zu feucht-fröhlichen Festen auf die Burg ein, darunter E.T.A. Hoffmann, der für ihn 1811 einen der Wachttürme mit der Geschichte des Grafen Adalbert ausmalte. Als Marcus 1816 starb, wurde er seinem Wunsch gemäß im Wäldchen bei der Altenburg begraben. Der ‚Burgvirus‘ hatte aber inzwischen weite Kreise infiziert. So kam es zur Gründung des Vereins, der die Burg aus dem Nachlass von Marcus erwarb. Ihm gehörten die meisten Honoratioren der Stadt an. Die Gründungswelle von Vereinen hielt an: weit über 100 gab es damals in Bamberg. 1818 entstand der „Naturfreund“, 1819 der „Musikverein“, 1823 der „Kunstverein“, 1830 die Bürgergesellschaft „Concordia“, von der sich später „Liederkranz“ und „Turnverein“ abspalteten, und im selben Jahr, auf königliche Anregung, der „Historische Verein“. Sie alle bestehen bis heute.

Die Bürger ergingen sich gerne im „Hain“, den Stephan Freiherr von Stengel ab 1803 auf persönliche Anordnung des bayerischen Kurfürsten und späteren Königs Maximilian I. Joseph als „Volkspark“ anlegen ließ. Er sollte zu *geselligem Umgang und Annäherung aller Stände dienen, die sich hier im Schoße der schönen Natur begegnen.* Nach dem Englischen Garten in München ist der Bamberger Hain die zweite Anlage dieser Art überhaupt. Ein bayerischer König, Ludwig I., ist auch verantwortlich für die „Stilbereinigung“ des Domes. Bei verschiedenen Besuchen hatte ihm die barocke und klassizistische Ausstattung des Doms missfallen. Er wollte, dass *dieses herrliche, große Denkmal des teutschen Baustyles* im Geiste des Mittelalters wiederherzustellen sei. Von 1826 bis 1844 dauerte diese von Ludwig I. bezahlte Restaurierung. Dabei ging bis auf wenige Reste auch die mittelalterliche Ausmalung verloren.

Doch viele Bewohner Bambergs plagten ganz andere Sorgen. Die Napoleonischen Kriege hinterließen schlimme Armut. 1815 mussten 18 000 Bamberger 203 842 Soldaten verpflegen. Die Kontributionen und die Truppenbesatzungen ruinierten wieder einmal ganze Gesellschaftsschichten. Hier verdichtete sich sozialer Sprengstoff, der zusammen mit liberalem politischem Gedankengut zu Bambergs bedeutender und kaum bekannter Rolle als einer der Vororte der Revolution von 1848, dieser wichtigen Entwicklungsphase unserer demokratischen Gesellschaft, führten.

Seit ihren Anfängen wurde im Kreis der „Harmonie“ frei und fortschrittlich gedacht. Vorstände und Mitglieder waren zum Teil hervorragende Persönlichkeiten im politischen Leben mit progressivem Anspruch. Zu ihnen gehörte beispielsweise Franz Ludwig von Hornthal (1760–1833), getaufter Jude wie Marcus, Rechtsanwalt und Bürgermeister von Bamberg und Abgeordneter in der Bayerischen Ständeversammlung. Hornthal galt als einer der liberalsten Abgeordneten dieses ersten bayerischen Landtags. Sein Sohn Johann Peter von Hornthal setzte seine politische Linie fort. Auch er war ein glänzender Jurist, der seine Universitätskarriere aber hatte abbrechen müssen, weil er 1824 gegen die Unterdrückungsstrategie der so genannten „Karlsbader Beschlüsse“ protestierte. Er wurde Rechtsanwalt wie sein Vater und 1836 in den bayerischen Landtag gewählt. Im selben Jahr kaufte er den „Fränkischen Merkur". So hieß die „Bamberger Zeitung" seit 1810. Die Umbenennung war die Reaktion auf heftige Konflikte mit der Zensurbehörde. Exzellente Redakteure wie Gerard Gley (von 1797 bis 1806), der Philosoph Georg Friedrich Wilhelm Hegel (1807/1808) und der Dichter Friedrich Gottlieb Wetzel (von 1810 bis 1819) hatten die Zeitung weit über Bambergs Grenzen hinaus bekannt gemacht. Daran wollte Johann Peter Hornthal wieder anknüpfen. Doch die Schwierigkeiten mit Zensur und Finanzen häuften sich. 1847 musste Hornthal schließlich den „Fränkischen Merkur" verkaufen. Käufer war Hans Julius Freiherr Ecker von Eckhofen. Ecker war Hauptzollamtsverwalter, ein loyaler bayerischer Beamter, bis er 1844 nach Bamberg versetzt wurde. Hier kam der 50-jährige Freiherr mit demokratischem Gedankengut in Berührung und zwar so intensiv, dass er dafür seine finanzielle und persönliche Zukunft aufs Spiel setzte. ‚Infektionsherd' war wahrscheinlich die „Harmonie", deren erster Vorstand er wurde. Dort gab es einen besonderen Tisch, an dem sich regelmäßig die drei Freunde Karl Heger, Dr. Heinrich Heinkelmann und Nikolaus Titus, die zusammen in Bamberg zur Schule gegangen waren und schon dort wegen politischer Unbotmäßigkeit aufgefallen waren, mit einer Gruppe gleichgesinnter kritischer Bürger trafen. In Anlehnung an die zeitgenössische Bewegung liberalrevolutionärer deutscher Schriftsteller waren sie bald als „Das Junge Deutschland" bekannt. Im „Fränkischen Merkur" wurden die später so berühmten „14 Bamberger Artikel" von Nikolaus Titus veröffentlicht. Sie forderten Pressefreiheit, Gewissens- und Lehrfreiheit, persönliche und Wahlfreiheit, Ausgleich des Missverhältnisses zwischen Arbeit und Kapital, gleiche Bildungschancen für alle und demokratische Rechtspflege – alles Grundlagen unserer heutigen Verfassung.

Zunächst war Titus sehr erfolgreich. Am 4. März 1848 fand unter großem Andrang die „erste Bamberger Volksversammlung" statt, die erste dieser Art in Bayern. Titus las die 14 Artikel vor, die von den Zuhörern mit lautem Applaus begrüßt wurden. Nach einem stürmischen Wahlkampf wurde

Titus als Abgeordneter in die Nationalversammlung in der Paulskirche in Frankfurt gewählt, wo er zum linken Flügel gehörte. Doch dieses erste deutsche Parlament scheiterte schon 1849. Daraufhin gewann die Reaktion wieder die Oberhand; alle freiheitlichen Bewegungen wurden brutal unterdrückt. Dr. Heinkelmann wurde verhaftet, Titus, Heger und Ecker von Eckhofen flohen. Am 6. August 1849 erschien die letzte Nummer des „Fränkischen Merkur". Viele Vereine, die als ‚Brutstätten' demokratischen Geistes galten, wie der Turnverein oder die Schützengesellschaft, wurden aufgelöst und unter anderem Namen ohne die unliebsamen Mitglieder neu gegründet. Die Knebelung der demokratischen Bewegung hatte zur Folge, dass sich das politisch enttäuschte Bürgertum nun vor allem privatwirtschaftlichen Bereichen zuwandte. Bamberg wurde zu einer ‚braven' Stadt.

Verschlafener Aufbruch ins Industriezeitalter

Die Enttäuschung von 1848 überwand man in den folgenden Jahrzehnten mit Hinwendung zur deutschen Nation. Daneben bildete sich in Bayern ein besonderer, bayerischer Patriotismus, gebunden vor allem an das Königshaus der Wittelsbacher und von diesem bewusst gefördert. Als 1862 König Otto und Königin Amalie nach ihrer Vertreibung aus Griechenland mit ihrem ganzen Hofstaat in der Neuen Residenz eingezogen, da nahmen die Bamberger lebhaften Anteil an ihrem Schicksal. Das Königspaar zeigte von Anfang an Interesse am gesellschaftlichen Leben in Bamberg. Und die Bamberger liebten sie dafür. Noch immer war bei einem Teil der Bevölkerung die Sehnsucht nach der guten alten Zeit, als Bamberg noch Residenzstadt gewesen war, nicht erloschen, wurde im Gegenteil wieder stärker in einer sich immer schneller wandelnden Welt.

Die Veränderung der Infrastruktur war ein wesentlicher Auslöser dieses Wandels. 1843 wurde der Ludwig-Donau-Main-Kanal ab Bamberg eröffnet. König Ludwig I. von Bayern griff damit das Projekt Kaiser Karls d. Großen wieder auf,

1843 wurde der Ludwig-Donau-Main-Kanal ab Bamberg eröffnet mit dem König Ludwig I. von Bayern den Schiffsverkehr zwischen Nordsee und Schwarzem Meer ermöglichen wollte.

Donau und Main miteinander zu verbinden. Seit 1846 war Bamberg nach der Fertigstellung des gesamten Kanals nicht mehr die Endstation der Schiffe, die den Rhein und den Main hinauffuhren; man konnte jetzt weiterziehen bis ins Schwarze Meer. Zumindest theoretisch, wenn nicht gerade zu viel oder zu wenig Wasser war und wenn das Schiff in die vorhandenen Schleusen passte, 100 an der Zahl, deren letzte in Bamberg errichtet wurde. All diese Schwierigkeiten kannte die schärfste Konkurrentin des Kanals nicht, die Eisenbahn, die nur ein Jahr nach der Eröffnung des Kanals Bamberg erreichte. Am 25. August 1844 fuhr der erste Zug der neuen staatlichen Ludwig-Nord-Süd-Bahn von Nürnberg aus im feierlich eröffneten Bamberger Bahnhof ein. Von da an wurde das Bahnnetz immer dichter gewebt: 1846 nach Lichtenfels, 1848 nach Hof, 1852 über Schweinfurt und Würzburg nach Aschaffenburg usw.

Damit waren wesentlich verbesserte Handelsbedingungen für Bamberg entstanden. Und eigentlich hätte es auch die Türen zur Industrialisierung, die anderswo längst eingesetzt hatte, geöffnet. Aber da taten sich die Bamberger schwer. Zu eng waren sie im konventionellen Denken der Handwerker und Gärtner verfangen. Jedes Vorrecht, vor allem der Zünfte, wurde stur verteidigt, Neuerungen wurden misstrauisch beäugt und vorsichtshalber zunächst abgelehnt. Nur wenige Handwerker vergrößerten schrittweise ihre Werkstatt bis zum Industrieunternehmen.

Ähnlich schwer hatten es Friedrich Krackhardt und Peter von Hornthal, als sie sich für die Einführung einer modernen Gasbeleuchtung einsetzten. 10 Jahre lang rang der Stadtrat um die Zustimmung, weil ja *ein großer Teil der Bamberger Bevölkerung vermöge ihres Standes und Gewerbes der Gasbeleuchtung nicht bedürfe*. Erst 1855 konnte der Augsburger Ingenieur Ludwig August Riedinger auf dem alten Ochsenmarkt neben der Straße nach Hallstadt ein Gaswerk errichten. Seit 1. Januar 1856 leuchteten 329 Gaslaternen in der Innenstadt.

Es lag auch nicht am Mangel von Kapital oder Arbeitskräften, dass in Bamberg die Industrialisierung so spät einsetzte. Arbeitskräfte gab es genug: zwischen 1840 und 1885 verdoppelte sich die Zahl der Bamberger Einwohner auf über 31 000. Auch Geld wäre reichlich vorhanden gewesen. Bereits 1825 war eine Stadtsparkasse gegründet worden, 1838–42 folgten dann vier Sparkassen in den angrenzenden Landgerichten. Sparkassen waren damals keine Geldinstitute, sondern Sozialeinrichtungen, die den unteren Bevölkerungsschichten Hilfe zur Selbsthilfe anbieten sollten. In jenen Jahrzehnten war eines der schwierigsten Probleme der Bamberger Sparkassen, dass sie nicht wussten, wie sie ihr Geld gewinnbringend anlegen sollten, weil einfach nicht investiert wurde.

Gründerzeit

Der erste große Industriebetrieb, der in Bamberg/Gaustadt 1856 gegründet wurde, war die Mechanische Baumwoll-Spinnerei und -weberei (später ERBA genannt). Friedrich Krackhardt plante zusammen mit L. A. Riedinger, der in Augsburg eine ähnliche Anlage entworfen hatte, die ungenutzte Wasserkraft unterhalb der Mühlen im linken Regnitzarm in Energie umzuwandeln. Sie gründeten eine Aktiengesellschaft, über deren Gründungsversammlung am 13. Juli 1856 das „Tagblatt" berichtete: *Das großartige Unternehmen, welches für unsere Stadt segenbringend zu werden verspricht ... ist seit gestern als gesichert zu betrachten. Das Anlage- und Betriebskapital berechnet sich auf 3 Mio. Gulden, die Arbeiterzahl auf 1250.* Die Firma gedieh prächtig, auch weil sie sich intensiv um das soziale Wohl ihrer Beschäftigten kümmerte: Im Lauf der Zeit entstanden Arbeiter-Wohnhäuser, ein Badehaus und ein Theatersaal; auch ein Lesesaal mit Bibliothek, ein Kindergarten und eine Mädchenschule wurden eingerichtet, Vorträge und andere Bildungsmöglichkeiten angeboten. Die Unternehmensleitung tat dies aus einem patriarchalischen Fürsorgeimpuls heraus, sicher aber auch, um die Arbeiter an den Betrieb zu binden und ihr Bedürfnis, auf „fremde Agitatoren" zu hören und eigene Organisationen zu gründen, zu vermindern.

Zur Belebung von Wirtschaft und Handel trugen die Juden bei. Durch die Matrikelgesetze von 1813 standen ihnen nach jahrhundertelangen Restriktionen endlich auch Handwerksberufe, Grunderwerb und der Besuch öffentlicher Schulen offen. Allerdings hatten diese Gesetze die Zahl der jüdischen Familien, die in Bamberg wohnen durften, auf 69 festgelegt. Es musste also immer ein junger Jude auf den Tod eines anderen warten, bis er hier eine Familie gründen konnte. Viele wanderten deshalb aus, bevorzugt nach Nordamerika. Erst 1871 fielen die gesetzlichen Beschränkungen. Daraufhin zogen viele Juden aus dem Umland – 1500 Familien waren Anfang des 19. Jahrhunderts gezählt worden – nach Bamberg. Um 1900 erreichten sie einen Anteil von 3,2% der Bevölkerung.

Sie gründeten zahlreiche kleine Fabriken – z. B. für Textilien, Elektrotechnik und Lederverarbeitung.

Die Juden und der Hopfenhandel

Eine Monopolstellung erreichten die Juden um 1900 im Hopfenhandel. Hopfenanbau hatte während des 19. Jahrhunderts den unrentabel gewordenen Weinbau abgelöst. Die Klöster, die die größten Weinberge in Bamberg gehabt hatten, waren aufgelöst, der kalte Winter 1829/30 hatte viele Weinstöcke erfrieren lassen und auf Kanal und Bahn ließ sich billig Wein importieren, der besser schmeckte als das Bamberger Gewächs. Die Häcker, die Bamberger Weinbauern, bepflanzten also ihre Flächen mit Hopfen, was auch noch vom Staat gefördert wurde. Der Handel mit diesem Hopfen ging seit 1846, als die ersten jüdischen Hopfenhändler in den Unterlagen auftauchen, allmählich immer mehr in jüdische Hände über. Bis 1861 hatten sich 21 jüdische Hopfenhandelsfirmen in Bamberg niedergelassen, 1876 waren es bereits 110. Grund für diesen Erfolg dürften die

1844 fuhr die erste Eisenbahn nach Bamberg. Damit begann das Zeitalter der modernen Infrastrukturmaßnahmen.

guten Geschäftsbeziehungen jüdischer Familien in die ganze Welt gewesen sein. Die Firmen H. Strauss sowie Moritz Rosenwald hatten z. B. schon 1866 Agenturen in London bzw. New York. Als der heimische Hopfen, vor allem nach mehreren Missernten, nicht mehr ausreichte, bauten sie ein Netz von Lieferanten von Böhmen (Saaz) bis zum Elsass auf.

Der Hopfenhandel wurde auch Grundlage für eine Reihe von sekundären Industrien: Firmen für den Bau von Verschwefelungsanlagen, Darren, hydraulischen Pressen oder für die Herstellung von Jutesäcken. Wichtiger wurden jedoch in der Folge die Malz- und die Brauindustrie, die vor allem für den Export arbeiteten. Es war ein jüdischer Hopfengroßhändler, Simon Lessing, der 1885 die erste Großbrauerei Bambergs gründete, die „Exportbrauerei Frankenbräu". Schon zwei Jahre später betrug der Ausstoß 50 000 Hektoliter. Als Prinz Rupprecht von Bayern (1869–1955) mit seiner jungen Familie von 1900 bis 1901 in der Neuen Residenz in Bamberg lebte, schmeckte ihm das Bier der „Frankenbräu" so gut, dass er der Brauerei den Titel „Hofbräu" verlieh, unter dem sie bis zu ihrem Ende 1977 firmierte. 1885, im selben Jahr wie die „Frankenbräu", wurde auch die „Bamberger Mälzerei" gegründet, die bis heute besteht. Gründer war der Hopfengroßhändler Carl Isidor Dessauer (1850–1913), der die günstige Marktsituation für Malz, neben Hopfen der zweite Grundstoff für Bier, erkannte. Der ältesten Bamberger Mälzerei, Weyermann, erwuchs damit ein kräftiger Konkurrent.

Der Getreidehändler Johann Baptist Weyermann (1853–1919) stammte aus einer alteingesessenen Bamberger Fischer- und Schifferfamilie und gründete 1879 eine Malzfabrik. Anfangs röstete er das Malz in provisorischen Schuppen. Doch die Firma expandierte schnell. Weyermann verlagerte seinen Betrieb in das damals noch fast unbebaute Gelände östlich der Bahnlinie. Er war einer der Ersten, der die Gunst dieser Lage erkannte – die direkte Anbindung an den Bahnverkehr, die die schnelle Anlieferung der benötigten Gerste möglich machte. Seit 1888 ließ er von seinem Schwager Gustav Haeberle eine Malzfabrik erbauen, die beinahe jährlich um ein Gebäude erweitert wurde. „Straßen“ und „Plätze“ innerhalb der Fabrikanlage und die Gebäude, die mit ihren verschiedenen Baustilen von der mittelalterlichen Burg über Formen der deutschen Renaissance bis zu klassizistischen Elementen den Eindruck eines „organischen“ Wachstums erwecken, machen das Ganze zu einer eigenen kleinen Stadt – als Gegenpol zur mittelalterlichen Altstadt ein Zeichen des Fortschrittsglaubens der Gründerzeit.

In diesen Jahren wuchs die Stadt beständig, explodierte förmlich. Die Einwohnerzahl stieg von 1885 bis 1905 erneut um fast 50% auf 45 500. Eine Reihe neuer Stadtviertel legten sich um die Altstadt. Fünf neue Brücken, zwischen 1865 und 1890 erbaut, erleichterten den innerstädtischen Verkehr.

Die erforderlichen Infrastrukturmaßnahmen gingen anfangs von Privatinitiativen aus. So wurden zunächst alle Vorschläge zum Bau einer Wasserleitung vom Magistrat abgelehnt, bis 1873 eine Frankfurter Firma anbot, ein Wasserwerk auf eigene Rechnung zu bauen. Erst als der Wasserverbrauch ständig anstieg und das Geschäft sich günstig entwickelte, übernahm die Stadt es ab 1888 in eigene Regie. Auch den Nutzen der Elektrizität konnten die Stadtväter zunächst nicht einsehen. Der Bamberger Schuhfabrikant Heinrich Manz gründete dann 1885 eine private Gesellschaft, die Strom aus Wasserkraft erzeugte. 1888 wurde damit die erste elektrische Straßenbeleuchtungsanlage gespeist. Erst 1901 wurde das städtische Elektrizitätswerk errichtet (heute Volkshochschule). Jahrzehntelang wurde über die Anlage einer Kanalisation diskutiert, um die teilweise katastrophalen hygienischen Verhältnisse zu verbessern. Erst unter dem Eindruck einer Choleraepidemie 1892 wurde ein Kanalisationsprojekt in Auftrag gegeben, das ab 1899 über Jahre hinweg einen Großteil des städtischen Budgets verschlang. In diesen Zusammenhang gehören auch die Einführung der Straßenreinigung und der Müllabfuhr seit 1892. 1887 erschien das erste Telefonverzeichnis der Stadt mit 68 Teilnehmern, ein Jahr später waren es schon 146 Abonnenten. Ab 1896 erleichterte eine Straßenbahn den städtischen Verkehr.

All das ist symptomatisch für den wirtschaftlichen Auf-

Die Gründerzeit prägte mit zahlreichen Schornsteinen das Stadtbild Bambergs um 1900. Sie zeigen den Stolz der Bürger auf ihre Betriebe.

schwung in der Friedensepoche nach dem Deutsch-Französischen Krieg von 1870/71. Im Bamberger Stadtbild ragten neben den Kirchtürmen die Schornsteine in den Himmel, die man stolz in Bildern festhielt. Unter den Mitgliedern der „Harmonie", diesem Spiegel der Bamberger Gesellschaft, gaben jetzt statt der Beamten die Fabrikanten und Kommerzienräte den Ton an. Und die Offiziere, denn Bambergs drittes wirtschaftliches Standbein war damals das Militär.

Bamberg als Garnisonsstadt

Seit der Säkularisation waren bayerische Truppen in der Stadt stationiert. Es entstand eine ziemlich große Garnison: Der Anteil des Militärs an der Bevölkerung betrug etwa 13%. Die einzige Kaserne aus fürstbischöflicher Zeit, die Langgaßkaserne (am heutigen Schönleinsplatz) war für die 2000 bis 3000 Soldaten

viel zu klein. Also brachte man sie zunächst in säkularisierten Klöstern unter: im Karmeliten-, Dominikaner-, Klarissen- und Heilig-Grab-Kloster. Doch auch dort war der Raum äußerst knapp. Abhilfe schuf der Bau neuer Kasernen am Stadtrand: 1823 entstand die Koppenhofkaserne, 1883 bis 1887 die beiden Holzhofkasernen an der Nürnbergerstraße für die Kavallerie. 1890 bekam dann auch die Infanterie ein neues Domizil in der Kaserne an der Pödeldorferstraße, in deren Nähe 1935 dann noch die Panzerkasernen gebaut wurden. Diese Kasernen werden seit dem Ende des Zweiten Weltkriegs von den Amerikanern genutzt, die hier bis zu 16 000 Mann stationiert hatten. Die militärischen Flächen betragen auch heute noch – von der Bevölkerung praktisch unbemerkt – einen großen Teil des Stadtareals.
Die wirtschaftlichen Auswirkungen der Garnison auf Stadt und Region waren überaus positiv: Zahlreiche Betriebe produzierten und arbeiteten für das Militär. Außerdem spielte es eine wichtige Rolle im gesellschaftlichen Leben der Stadt: Truppenparaden, Konzerte der Musikkorps und Besuche hoher Persönlichkeiten bei „ihren" Regimentern waren jedes Mal öffentliche Ereignisse ersten Ranges. Der fränkische Adel stellte einen großen Teil der Offiziere vor allem der Kavallerie-Regimenter, die besonders hohes Ansehen genossen. Die „Kaiser-Ulanen" in ihren schicken Uniformen, hoch zu Ross mit Lanze und Wimpel und mit weißen wippenden Federbüschen auf ihren Helmen galten als Aushängeschild der Stadt. Sie gewannen 1914 mit ihren Lanzen noch einmal eine Schlacht gegen Franzosen, die mit Karabinern bewaffnet waren. Diese legendäre Schlacht von Lagarde wurde bis 1985 jährlich gefeiert. Die Tradition der Ulanen übernahmen nach dem Ersten Weltkrieg die „17er Reiter". Dem Regiment gehörte auch Claus Graf Schenk von Stauffenberg an, der am 20. Juli 1944 ein Attentat auf Hitler verübte, wofür er und seine Mitverschworenen hingerichtet wurden. Auch seine Witwe, die bis vor kurzem in Bamberg lebte, und viele Mitglieder seiner Familie wurden eingesperrt und misshandelt. Eine Gedenktafel im Bamberger Brückenrathaus erinnert an diesen tapferen Mann.

Die guten wirtschaftlichen Bedingungen führten zwischen 1890 und 1914 zu einem neuen Bauboom in Bamberg. In diesen Jahren entstanden unter anderem: der Palas der Altenburg

Der Palas der Altenburg, 1902 von G. Haeberle, ist ein Beispiel für den Späthistorismus. Dieser Stil prägt viele der Stadterweiterungen Bambergs um 1900. – Plan Haeberles für den Neubau des Palas.

und der Justizpalast, das Staatsarchiv und die Oberpostdirektion, die Frauen- und die Nervenklinik, der Staatshafen und das Kaufhaus Tietz am Grünen Markt, die Synagoge am Wilhelmsplatz und die Ottokirche und zahlreiche Schulen. Die meisten dieser Bauten sind vom süddeutschen Späthistorismus aus der „Münchner Schule" geprägt. Dieser Stil zeichnet sich durch ein witziges Spiel mit historischen Bauelementen aus. 1898 bis 1904 war Hans Erlwein Stadtbaurat von Bamberg, ein begabter, wenn auch persönlich schwieriger Mann, dessen Handschrift eine bedeutende Phase in der Stadtentwicklung Bambergs kennzeichnet. Er entwarf unter anderem die Pläne für das E-Werk, die Chirurgie, den Schlachthof, die Chefarztvilla der Nervenklinik und die Luitpoldschule. Eines seiner Verdienste ist seine verstärkte Beachtung der Denkmalpflege. Die Neubauten, die er genehmigte, sollten sich der originalen Bausubstanz, deren Wert man zunehmend erkannte, anpassen. Bei der Gestaltung der Bauten wurde bewusst Rücksicht auf die Umgebung, die Landschaft oder die benachbarte Bebauung genommen. Der gefragteste Architekt des Späthistorismus in Bamberg war Gustav Haeberle, dessen Hauptwerk, der Palas der Altenburg, weithin sichtbar die Stadt bekrönt. Auf Grund der Vielzahl seiner Bauten – 185 Baumaßnahmen, darunter 125 Neubauten – wird das Stadtbild Bambergs in weiten Bereichen von ihm mehr beeinflusst als von seinen Zeitgenossen.

Der enge Bezug zur Heimat, zu ihrer Natur, Geschichte und Kultur führte schließlich zur Gründung entsprechender Vereinigungen: Im Jahr 1900 wurde in Bamberg Bayerns erster Naturschutzverein gegründet. Auf Anregung des Apothekers Dr. Carl Schmolz (1859–1928) konstituierte sich der „Verein zum Schutze und zur Pflege der Alpenpflanzen". Der Historische Verein und später der Frankenbund (gegründet von Peter Schneider 1920) nahmen sich verstärkt volkskundlicher und heimatpflegerischer Themen an.

Die Bamberger begannen, den Alterswert ihrer Stadt zu entdecken, zumal immer mehr Fremde kamen. Das steigerte das Selbstbewusstsein der Bewohner und ihre Bereitschaft, sich für die Erhaltung der Stadt zu engagieren. Sie waren stolz auf die Geschichte und die Schönheit Bambergs. Doch dieser Stolz und der Rückbezug auf die Geschichte hatten auch eine negative Seite. Seit der gescheiterten Revolution von 1848 hatte das Bürgertum sein Gesicht verändert. Anfang des 19. Jahrhunderts war es jung, aufmüpfig, voller Ideen und Ideale gewesen. Mit dem wirtschaftlichen Erfolg der Gründerjahre wurde es gesetzt, würdig und auf Wahrung und Mehrung von Besitz bedacht. Der Familienpatriarch reduzierte die Frau auf „Küche, Kinder und Kirche" und gönnte sich zwischendurch allerlei geheime Vergnügen. Dagegen gingen besonders eifrig Katholiken der „ultramontanen", extrem papsthörigen Richtung vor, die in Bamberg ihr Sprachrohr im „Volksblatt" hatten. Die Schlachten zwischen Prüderie und Doppelmoral wirken aus heutiger Sicht oft ebenso absurd wie das triefende Wortgetümmel pathetischer Nationalgefühle. Niemand im friedlichen Bamberg konnte sich vorstellen, dass der überhebliche Hurra-Patriotismus zu einem Krieg führen könnte. Hier bereitete man sich intensiv auf den Besuch von König Ludwig III. vor und wurde von der Absage wegen drohender Kriegsgefahr nach der Ermordung des österreichischen Thronfolgers am 28. Juni 1914 völlig überrascht.

Der Erste Weltkrieg und die Bamberger Verfassung

Als am 1. August 1914 der Erste Weltkrieg ausbrach, zogen auch die Bamberger singend durch die Straßen. Das Singen verklang schnell: Auch wenn der Krieg das Äußere der Stadt fast unberührt ließ, war die materielle und geistige Not zu Ende des Krieges groß. Insgesamt hatte Bamberg 1330 Gefallene zu beklagen; die Preise für Särge stiegen im Jahr 1918 um 58%. Als Kurt Eisner am 8. November 1918 in München die Republik ausrief, übernahm in Bamberg ein 54-köpfiger Arbeiter-, Bürger- und Soldatenrat die Regierung, ließ aber die staatlichen und städtischen Behörden weiter bestehen. Mit der Bewerbung um den Sitz der Nationalversammlung, für den dann Weimar gewählt wurde (Weimarer Republik), knüpfte Bamberg bewusst an die Tradition von 1848 an. Und tatsächlich spielte es noch einmal ein kurzes Gastspiel in der Geschichte der jungen deutschen Demokratie. Nach der Ermordung Kurt Eisners suchten nämlich der bayerische Ministerpräsident Johannes Hoffmann und sein Kabinett am 7. April 1919 vor den Münchner Unruhen Zuflucht in Bamberg, das also vorübergehend zur Hauptstadt Bayerns wurde. Das Rathaus und die Neue Residenz verwandelten sich in Regierungsgebäude, wo auch die meisten Ministerien wie zum Beispiel das Militär- und Finanzministerium unterkamen, während dem Justizminister das Gerichtsgebäude am Wilhelmsplatz und dem Verkehrsminister der Bahnhof zur Verfügung gestellt wurden. Auch Parteien, Verbände und zentrale staatliche Institutionen verlegten ihre Geschäftsstellen nach Bamberg, so die Landeskartoffelstelle, die Fleischversorgungsstelle und die Landesfettstelle. Der Landtag nahm seine Arbeit im großen Harmoniesaal auf, wo am 21. Mai 1919 die erste Plenarsitzung stattfand. Die 180 Abgeordneten berieten die neue bayerische Verfas-

Im Ersten Weltkrieg engagierten sich die integrationswilligen Juden besonders. Ein Symbol dafür ist dieser „Eiserne Ritter“, gestiftet von der Bankiersgattin Emma Hellmann, in den für jede Kriegsspende ein Nagel geschlagen wurde.

sung, die am 14. August 1919 angenommen wurde und bis 1933 gültig blieb. Zwei Tage danach kehrte der Landtag nach München zurück.

Doch der Erfolg blieb kurzfristig. Nach der militärischen Niederlage 1918 verfiel Deutschland nicht nur ökonomisch in tiefe Depressionen: Vor allem das Selbstwertgefühl der Deutschen war verwundet. Als Reaktion darauf suchte man nach einem nationalen Thema, mit dem man sich ohne Komplexe identifizieren konnte. Diesen tröstlichen Ort fand man im deutschen Mittelalter, das zum Hort deutscher Seligkeit romantisiert wurde.

Der Bamberger Reiter – ein deutscher „Erinnerungsort"
Das Symbol für das „spezifisch Deutsche in der deutschen Kunst" wurde der Bamberger Reiter. Der bedeutende Kunsthistoriker Wilhelm Pinder schrieb 1927, der Reiter könne nicht nach einem französischen Vorbild gearbeitet sein. Er sei kein Zeugnis jenes *raffiniert politischen Volkes ... mit seiner voltairischen Hintergründigkeit.* Ihn zeichne *innere Jugendlichkeit, die unpolitisch-deutsche, harmlose Stimmung, das rein Seelische* aus. Dieser Text wurde illustriert mit meisterhaften Fotos von Walter Hege. Durch sie wurde der Reiter populär. Er schmückte unzählige Buchcovers, Kunst- und Reisebücher, die Fotos hingen in den meisten deutsche Klassenräumen und den Wohnzimmern des Bildungsbürgertums. Allmählich wurde er zum

Der „Bamberger Reiter" (Detail), von den Nationalsozialisten zur Demonstration von „Rassereinheit" missbraucht, stellt tatsächlich wohl den hl. Stephan von Ungarn dar. – Bamberg, Dom.

Inbegriff der „tiefen deutschen Seele“. 1938 drehte Walter Hege den Film „Das steinerne Buch“, in dem er durch raffinierte Beleuchtungseffekte die Figuren im Bamberger Dom gleichsam zum Leben erweckt. Der Bamberger Reiter verkörpert darin die *Sehnsucht unseres Volkes*. Damit wurde er endgültig zum Star. Auch die Dichter bemächtigten sich des beliebten Idols, vor allem jene, die mit dem Dritten Reich eine neue glorreiche Zeit gekommen sahen. *Und wenn einer fragt, wie der Reiter wohl heißt, so würde ihm Antwort: der ewige Deutsche!* (Heinrich Zerkaulen, 1930). *Ist er nicht ein Sieggedanke aus Blut und Glauben? Dieses Gesicht vereint in seinen klaren Zügen den Freiheitsdurst eines ganzen Volkes. Um das Antlitz leuchtet die Schönheit einer ganzen Rasse* (Gustav G. Engelkes, 1937). Schließlich bezeichnet Heinrich Anaker Hitler als verbesserte Auflage des Reiters: *Reiter von Bamberg, nun steige getrost aus dem Bügel, denn deiner Sehnsucht gewaltiges Traumbild erstand.* Hitler ließ sich das nicht nur gefallen, er hat an der Inszenierung mitgewirkt: Beim historischen Festzug zum „Tag der deutschen Kunst“ wurde als *stolzes Bekenntnis der Rasse* eine Gipsreproduktion des Reiters durch München gezogen. In den Fibeln zur Rassenkunde wurde man darüber unterrichtet, dass der Bamberger Reiter das Edle des Ariertums repräsentiere. Es ist eine besonders hübsche „Ironie der Geschichte“, dass der Reiter nach den neuesten Forschungen wohl einen Ungarn darstellt, den heiligen Stephan von Ungarn nämlich.

Die Lust am Mittelalter demonstrierten die Bamberger 1924 beim Heinrichsfest, mit dem eine Woche lang der 900. Todestag Kaiser Heinrichs II. mit Tausenden von Besuchern gefeiert wurde. Am Schluss stellte der bayerische Generalkonservator Dr. Hager fest, dass Bamberg die schönste Stadt Deutschlands sei, und Nuntius Pacelli, später Papst Pius XII., nannte sie *Gemma Germaniae*. Solches Lob und die Besinnung auf die Geschichte gab inneren Halt. Und den hatte man nötig. Gerade hatte die Inflation (1920–23) das Vermögen eines ganzen Volkes aufgefressen. Die meisten städtischen Stiftungen hatten sich in nichts aufgelöst. Die Arbeitslosigkeit betrug 1930 in Bamberg über 17%. Die Bankenkrise von 1931 verschärfte die instabile Wirtschaftslage noch. Bisher hatten die Bamberger meist brav und konservativ die Bayernpartei gewählt. Doch bei den Reichstagswahlen vom 24. April 1932 wurden die Nationalsozialisten mit 41% erstmals stärkste Partei. Als allerdings die antikirchliche Tendenz der Partei klar wurde, ebbte die Begeisterung schnell ab, Bamberg galt den Nationalsozialisten deshalb als „unsichere Stadt". Doch 1933 fand auch hier schnell und brutal die so genannte „Gleichschaltung" statt. Lorenz Zahneisen wurde zweiter Bürgermeister, 1935 Oberbürgermeister. Gegner und Kritiker, wie der ehemalige Oberbürgermeister Weegmann, wurden in Schutzhaft genommen.

Viele Bamberger ließen sich infizieren oder schauten weg; akzeptierten, dass ihre jüdischen Bekannten aus den Vereinen, in denen sie ganz besonders sozial und kulturell engagiert waren, ausgeschlossen wurden, dass ihnen keine Theaterabonnements verkauft wurden (was das Theater an den Rand des Ruins trieb), dass sie keine Rechtsanwaltskanzlei und keine Arztpraxis mehr betreiben durften und ihre Betriebe, meist unter Wert, verkaufen mussten. Tröstlicherweise gab es Menschen, die dem kollektiven Wahn widerstanden, zum Beispiel eine Reihe von Dienstmädchen, die in jüdischen Haushalten angestellt waren und zu ihrer „Herrschaft" hielten, auch als das gefährlich wurde. Viele der Bamberger Juden emigrierten in dieser Zeit. Manche aber blieben allen Drohungen und Warnungen zum Trotz. So auch Willy Lessing: Er war mit ganzer Seele Bamberger, ein lebendes Bamberg-Lexikon. Sein Vermögen verwendete er vor allem für soziale Zwecke; auf jeder Spendenliste stand sein Name. Er konnte sich einfach nicht vorstellen, dass die Bamberger, die ihm und seiner Familie so viel verdankten, ihm jemals etwas antun würden. In der Nacht des 9. November 1938, der so genannten „Reichskristallnacht", wurde die Synagoge in der Herzog-Max-Straße von den Nazis angezündet. Lessing ging hin, um die Thorarollen zu retten. Er wurde erkannt, verfolgt und so misshandelt, dass er an den Folgen am 17. Januar 1939 verstarb.

Damals begann die schlimmste Zeit. Am 31. Januar 1939 verkündete das „Bamberger Tagblatt", dass *Bambergs Wirtschaft judenfrei* sei. Die jüdische Gaststätte „Weiße Taube" im Zinkenwörth wurde zum letzten Rückzugsort, wo sich die Gemeinde treffen konnte, wo die Kinder unterrichtet und Gottes-

Am 9.11.1938 wurde von den Nazis in der sog. „Reichskristallnacht“ auch die Bamberger Synagoge angezündet. Die jüdische Gemeinde musste die Abbruchkosten der Ruine bezahlen.

dienste abgehalten wurden. Die Auswanderung war verboten worden. Am 27. November 1941 wurden die ersten 106 Bamberger Juden nach Riga deportiert. 1942 gingen drei weitere Todestransporte in den Osten. Von den einst rund 1000 Gemeindemitgliedern kehrten nur drei Frauen zurück.

„Kunigundes seidener Faden“ im Zweiten Weltkrieg

Am 1. September 1939 begann der Zweite Weltkrieg. Lange schien der „seidene Faden“, den die heilige Kunigunde der Legende nach zum Schutz um die Stadt gesponnen hat, zu halten. Obwohl seit 1942 täglich englische und amerikanische Bomber über Deutschland flogen und Städte und Industriezentren in Schutt und Asche legten, blieben die Bamberger optimistisch, dass ihre Stadt nicht angegriffen werde. Selbst als in der Nachbarschaft Nürnberg und Schweinfurt zerbombt wurden, gingen sie bei Fliegeralarm nicht in die Keller, sondern hinaus, um den Flugzeugen nachzuschauen. Am 31. März 1944 fiel dann auch hier die erste Bombe, in einem Außenbezirk der Stadt. Schlimmere Schäden verursachten die Abwürfe im Januar und Februar 1945 auf den Bahnhof, das Haingebiet, die Innenstadt und vor allem den Stephansberg, wo in den Stollenanlagen 261 Menschen ums Leben kamen. Die größte Gefahr drohte in den letzten Kriegstagen. Als die Amerikaner unaufhaltsam mainaufwärts rückten, wurde die Stadt zur „Festung“ erklärt, die im Rahmen der „Juralinie“ unbedingt verteidigt werden sollte. Dies hätte wohl ihre Zerstörung bedeutet. Weihbischof Dr. Arthur Michael Landgraf (1943–58) bat in einem dramatischen Gespräch den SS- und Polizeiführer General Dr. Benno Martin, die Stadt zu retten, der zustimmte, weil er *es für empörend hielt, eine der ältesten Bischofsstädte der Welt in diese unsinnige Verteidigung mit einzubeziehen*. Den Kampfkommandanten der Stadt, Oberst Körner, beschworen am 9. April 1945 Erzbischof Otto Kolb (1943–55) und Chefarzt Professor Lobenhoffer, Bamberg zur „freien Stadt“ erklären zu lassen. Lobenhoffer sollte daraufhin erschossen werden, wurde aber von OB Zahneisen gerettet. Auch der Flugzeugbauer Prof. Willy Messerschmitt und Dr. Wilhelm Sturm wagten, sich für Bamberg einzusetzen. Die Verlagerung von SS-Truppen hierher unterblieb.

Die schlimmsten Schäden brachte nicht die Einnahme durch die Amerikaner am 10. April 1945, sondern der Pflichteifer der letzten deutschen Pioniereinheit, die im Morgengrauen dieses Tages fast alle Brücken sprengte – eine militä-

1945 zerstörten alliierte Bomben Teile der Innenstadt. Trotzdem kam Bamberg im Vergleich zu anderen deutschen Städten „glimpflich“ davon. Die Wahrzeichen der Stadt blieben erhalten.

risch völlig sinnlose Aktion, die die Stadtteile trennte, Versorgung und Rettungsdienste enorm erschwerte und Millionenschäden anrichtete. NS-Kreisleitung und Kampfkommandant Körner waren geflohen. Die Übergabe der Stadt erfolgte in letzter Minute. Der erste amerikanische Stadtkommandant, Major Hefly, sagte, dass ein Bombengeschwader bereits den Befehl erhalten hatte, die Stadt sturmreif zu schießen. Um die Breite eines seidenen Fadens nur blieb Bamberg vor dem Untergang bewahrt.

Die Bilanz des Krieges ist nur im Vergleich mit anderen deutschen Städten „glimpflich“: 3634 Bamberger waren gefallen oder vermisst, 425 wurden in Bamberg bei Luftangriffen und Kampfhandlungen getötet. 65% der Gebäude waren beschädigt, 300 Gebäude und 4 Brücken ganz zerstört. 7000 Personen waren dadurch obdachlos geworden. Dazu kamen die Flüchtlinge. 12 000 Menschen suchten in Bamberg eine Unterkunft. Im Oktober 1945 drängten sich über 100 000 Menschen in der Stadt. Sie wurden im Kaufhaus Tietz, in Gaststätten und Schulen, im demontierten Theater und in eiligst erstellten Baracken untergebracht. Die Amerikaner besetzten Hunderte von Häusern, vor allem im Haingebiet. Sie beriefen Luitpold Weegmann, von den Nazis 1933 verdrängt und verhaftet, erneut zum Oberbürgermeister. Er erklärte sich *in Gottes Namen* bereit, die schwere Aufgabe zu übernehmen und blieb bis 1958 einer der populärsten Oberbürgermeister der Bamberger Geschichte. Ihm stand nur eine stark geschrumpfte Schar von Mitarbeitern zur Verfügung: 50% der Beamten waren im Rahmen der Entnazifizierung entlassen worden. Im April 1945 bildete sich unter der Führung des Rechtsanwalts Dr. Thomas Dehler, später erster Justizminister der Bundesrepublik, ein „Bürgerkomitee", eine Art Stadtratsersatz, das Weegmann beistand.

Allmählich normalisierten sich die Verhältnisse: Ab Januar 1946 gab es wieder eine Tageszeitung, den „Fränkischen Tag"; im Mai wurde ein neuer Stadtrat gewählt; die von den Nazis geschlossene Philosophisch-Theologische Hochschule wurde wieder eröffnet, wo man jetzt außer Theologie und

Die „Bamberger Symphoniker", heute das internationale Aushängeschild der Stadt, gaben 1946 ihr erstes Konzert. Seit 1993 musizieren sie in der Konzerthalle „Sinfonie an der Regnitz".

Philosophie auch begrenzt Rechts- und Staatswissenschaft, Pharmazie und Chemie studieren konnte (1948 waren 1630 Studenten immatrikuliert); zum 800-jährigen Jubiläum der Heiligsprechung Kaiser Heinrichs am 14. Juli 1946 kamen 60 000 Pilger.

Am 16. September 1946 gaben die „Bamberger Symphoniker“ ihr erstes Konzert. Viele Mitglieder des Deutschen Philharmonischen Orchesters Prag waren auf ihrer Flucht in Bamberg gelandet, hatten hier Fuß gefasst und wieder miteinander zu spielen begonnen. Das war der Anfang eines Orchesters, das heute zu den besten und bekanntesten internationalen Klangkörpern gehört. 1947 wurde das Grabmal von Papst Clemens II., das während des Krieges im „Weyermannschen Keller“ eingelagert war, im Dom wieder aufgestellt und der Reiter aus seiner Betonhülle befreit. 1948 gab es mit der Währungsreform neues Geld. Plötzlich waren die Läden wieder voller Ware, die Wirtschaft begann sich zu stabilisieren.

Aufsehenerregend war der Prozess gegen NS-Kreisleiter und Oberbürgermeister Zahneisen im September 1948. Obwohl er von Anfang an einer der führenden Nazis in Bamberg gewesen war, wurde er von mehreren Zeugen entlastet, darunter von OB Weegmann und vom KPD-Stadtrat Geyer, nach dessen Aussage das Bamberger Gefängnis dank Zahneisens Anweisung das einzige gewesen sei, in dem die politischen Gefangenen nicht blutig geschlagen wurden (Geyer wurde wegen dieser Aussage aus der KPD ausgeschlossen). Als der Ankläger ihn ebenfalls entlasten und nur zum Mitläufer einstufen wollte, protestierte Zahneisen: er sei ein begeisterter Nationalsozialist gewesen, aber er habe geirrt und trage für seine Taten die Verantwortung. Er wurde zu sechs Jahren Arbeitslager verurteilt und starb 1950.

Eine prägende Rolle in jenen ersten Jahren nach dem Krieg spielte Captain Nathan R. Preston. Er wurde 1948 Chef der Bamberger US-Militärregierung und nach kurzer Zeit ein Freund Bambergs, so sehr, dass er 1956 nach seiner aktiven Dienstzeit zurückkam und hier bis zu seinem Tod 1985 lebte. Unter ihm wurden aus den Besatzern Freunde, die in vielen kritischen Situationen halfen, mit Kinderspeisungen ebenso wie beim Bau von Sportstätten u. a. Mit der Gründung der Bundesrepublik am 23. Mai 1949 endete die erste Phase der Konsolidierung nach dem Zweiten Weltkrieg.

Oberzentrum und Weltkulturerbe

Wie kann man die Entwicklung Bambergs in der zweiten Hälfte des 20. Jahrhunderts zusammenfassen? Vielleicht so: Das Bild blieb das gleiche, aber die Farben wurden frisch, fröhlich und durchsichtig, der Horizont weitete sich und es kam jede Menge Neues hinzu. Mit der Gründung der Universität veränderte sich die geistige Atmosphäre, wurde weltoffen und vielseitig. Gleichzeitig wuchs die Erkenntnis vom Wert der alten Stadt, der Wunsch, sie zu erhalten und ihre Schönheit zu genießen und zu nutzen. Auf diesem Weg war die Verleihung des Weltkulturerbetitels 1993 das herausragende Ereignis.

Die Universität in der Altstadt

Die Universität Bamberg ist alt und ziemlich jung zugleich. Sie wurde 1648 gegründet, aber bei der Säkularisation 1803 aufgelöst. Danach lebten nur Teilstücke unter wechselnden Namen weiter. 1979 wurde die 1972 gegründete „Gesamthochschule" in „Universität Bamberg" umbenannt. Für die Zukunft entscheidend war der Entschluss, sie in die Altstadt zu integrieren. Die Symbiose ist bis heute fruchtbar und erfolgreich. Die Universität wuchs (auf derzeit fast 9000 Studenten) und gewann und belebte immer mehr Gebäude in der Innenstadt: das Hochzeitshaus, den alten Schlachthof, das Rotenhan-Palais, die ehemalige Frauenklinik, die Feuerwehrhallen, den Burgershof (früher städtischer Bauhof) und das einstige Jesuitenkolleg neben zahlreichen Bürgerhäusern. Die Liste zeigt durch die Nennung der früheren Funktionen die Chancen der neuen Nutzung. Die Alt-Bamberger taten sich zunächst teilweise etwas schwer mit dem quirligen neuen Element in ihrer Stadt, aber allmählich schließt sich der Graben.

Auch die Uni wandte sich zunehmend der Stadt zu, bezog sie in ihre Forschungen mit ein, gerade im Bereich Denkmalpflege.

Und sie ist ja auch ein interessantes Studienobjekt. Nach dem Zweiten Weltkrieg gab es natürlich auch in Bamberg diejenigen, die die Altstadt „autogerecht" machen wollten, die Durchbrüche und Schneisen und „große Entwürfe" mit dem Abbruch ganzer Stadtquartiere, z. B. des alten Gärtnerviertels, forderten, die „Dominanten" ins Stadtbild setzen und die neue Zeit und sich selbst verwirklichen wollten und es teilweise auch taten. Daneben aber wagten einige in der Stadtverwaltung schon damals eine differenziertere Ansicht von den Aufgaben des Städtebaus, die berücksichtigte, dass die Altstadt und innerhalb dieser die erhaltenswerte Bausubstanz ja nur einen Bruchteil der Gebäude Bambergs ausmachen, der aber der Träger der Identität der Stadt ist. Nach dieser Ansicht war die Sanierung der insgesamt maroden Bausubstanz eine der großen Herausforderungen der Zukunft. Erste Schätzungen errechneten Kosten von über einer Milliarde Mark für die Gesamtsanierung der Altstadt, eine Summe, die für die damaligen Verhältnisse unvorstellbar hoch schien. In dieser Situation startete die Stadt 1956 den „Bamberger Weg der kleinen Schritte". Dieses „Bamberger Modell" sah vor, den Eigentümern erhaltenwerter Häuser mit etwas Geld und viel Beratung Mut zur Sanierung zu machen. Das funktionierte gut, konnte aber nicht alle „Bausünden" vermeiden. Dagegen formierte sich zunehmend heftiger Widerstand aus der Bevölkerung. Der Abbruch des romanisch-gotischen Hauses „zum Marienbild" am Fuß des Kaulbergs war 1968 Anlass zur Gründung der „Schutzgemeinschaft Alt-Bamberg", der sich im Lauf der Jahre zahlreiche weitere Bürgerinitiativen zugesellten, die sich die Erhaltung und Revitalisierung des Natur- und Kulturerbes der Stadt zum Ziel gesetzt haben.

1977 erhielt Bamberg als erste deutsche Stadt die „Europamedaille für Denkmalpflege" und 1979 beim Wettbewerb „Stadtgestalt und Denkmalschutz" die Goldmedaille. Diese Auszeichnungen führte OB Matthieu an, als er schon 1980 den ersten Antrag zur Aufnahme Bambergs in die Welterbeliste der UNESCO stellte. Die kenntnisreiche Vorbereitung der Antragsunterlagen durch Professor Tilmann Breuer und die Ausweisung der gesamten Altstadt als „Stadtdenkmal" 1982

Die Stadt wuchs nach 1945 um fast 50%. Stellvertretend für zahlreiche Großbauten steht die 1993 errichtete Konzert- und Kongresshalle.

führte schließlich 1993 zum Erfolg. Die Exklusivität des Titels „Weltkulturerbe" entwickelt sich mehr und mehr zu einem der wichtigsten weichen Standortfaktoren der Stadt.

Dazu kommen die modernen Entwicklungen. Zur Veränderung der Infrastruktur trugen wesentlich der Bau des Rhein-Main-Donau-Kanals und des Staatshafens, der Autobahnanschlüsse und Tangentialstraßen bei. 50 Brücken und Stege ermöglichen die innerstädtischen Verbindungen; die meisten davon wurden seit 1950 neu gebaut oder wiedererrichtet. Herausragende Großbauprojekte wie das Klinikum (1984), die Konzerthalle (1993), die Mehrzweckhalle „Forum Bamberg" (2001) und das Theater (2003) stehen neben dem Bau von Schulen, Sportstätten, Parkhäusern, Kliniken und anderem.

Spektakuläre und heiß umkämpfte Umnutzungen – das alte Elektrizitätswerk wurde Volkshochschule und die ehemalige Chirurgie zum Stadtarchiv – gelten heute als vorbildlich. Die Zahl der Wohnungen stieg seit 1953 um 140%. Zahlreiche neue Gewerbegebiete wurden ausgewiesen. Doch all das ist nur ein kleiner Ausschnitt aus dem Gesamtgeschehen.

Heute ist Bamberg das sehr lebendige Zentrum eines ausgedehnten Einzugsgebiets mit mehr als 300 000 Einwohnern. Es ist Verwaltungsmittelpunkt mit rund 30 überörtlichen Behörden und Bildungsstandort mit 58 Schulen. Es hat ein eigenes Theater, 13 Museen, 10 Galerien, 36 Orchester und ein reiches Angebot an Bibliotheken und Archiven. Erstaunlich ist die Zahl der Vereine und Verbände: Die etwa 70 000 Bamberger engagieren sich in fast 350 Vereinigungen, darunter 112 Sportvereine, 76 Musikgruppen, 23 Theater und 16 Vereine zur Denkmal- und Heimatpflege.

Die Bamberger feiern gern, auch große Feste mit Tausenden von Besuchern. Der 81. deutsche Katholikentag vereinte 1966 so viele Menschen auf dem Domplatz, dass befürchtet wurde, er könnte einbrechen. Unvergessen bleibt die 1000-Jahrfeier 1973 mit 100 000 Zuschauern. Seit 1950 findet jährlich Ende August die „Sandkerwa" statt, die schon lange aus allen Nähten platzt. Der Gewinn der deutschen Basketballmeisterschaft versetzte 2005 die Stadt in tagelangen Taumel. Die „Traumstadt der Deutschen" ist ein beliebtes Ziel für Veranstaltungen jeder Art.

Hinter dem Bild der „Traumstadt" verschwindet meist, dass Bamberg heute das dominierende Wirtschaftszentrum Oberfrankens mit mehr als 46 000 Beschäftigten ist. Schwerpunkte sind die Autozulieferindustrie (Bosch, Brose), Elektrotechnik und die optische Industrie. Daneben ist die Wirtschaftsstruktur gekennzeichnet durch eine Vielzahl an klein- und mittelständischen Betriebsformen, die ein breites Spektrum abdecken, in den letzten Jahren verstärkt im Bereich der Informations- und Medienbranche. Ein ständig wachsender Wirtschaftsfaktor ist der Tourismus. Über 1,5 Millionen Gäste besuchten 2004 die Stadt. 20% davon kamen aus dem Ausland. Es wird eines der kniffligen Probleme der nächs-

1982 wurde das Stadtdenkmal Bamberg, 1993 das Weltkulturerbe Bamberg ausgewiesen und unter Schutz gestellt. Deren Grenzen sind im Stadtplan kenntlich gemacht: äußere Linie = Stadtdenkmal, innere Linie = Weltkulturerbe.

ten Jahre sein, die Balance zwischen zu vielen und zu wenigen Touristen zu finden und rechtzeitig den Punkt zu vermeiden, wo der Tourismus anfängt, kontraproduktiv zu werden und die Reize zu zerstören, deretwegen die Stadt zum Besucherziel wird.

Denn noch ist Bamberg ein städtebauliches Juwel zum Anfassen – bewohnbar, erlebbar, mit menschlichem Maß. Es ist ein liebenswertes Kleinod mit Schrammen und Runzeln, in dem die großartigen Werke der Kunst gefasst sind von ausgetretenen Stufen, durchgebogenen Dachfirsten und blankgewetzten Türklinken – all jenen Kleinigkeiten, die der Seele wohl tun in unserer Zeit rechtwinkliger Rationalität. Es ist eine Stadt, die mit allen Sinnen erfasst werden muss. Die Farbenpracht der Prozessionen gehört ebenso zu Bamberg wie der Wohlgeschmack der verschiedenen Biere, der Klang der Symphoniker ebenso wie der der Kirchenlieder, der widerborstige Humor und der erdnahe Dialekt ebenso wie der eigensinnige Stolz der Bürger auf ihre Stadt. Eine Stadt, die mit und von ihrer Geschichte lebt und in der man mit offenen Augen auch noch Stoff zum Träumen findet.

Zeittafel

4000 v. Chr.	Siedlungsspuren auf dem ‚Domberg‘
7. Jh.	Siedlung von Slawen und Germanen auf dem ‚Domberg‘
718 ?	Ersterwähnung Bambergs als Ziel der Hochzeitsreise von Bilihild und Herzog Hetan II. (unsichere Überlieferung)
902	„Castrum Babenberh“ in der Chronik des Regino von Prüm erwähnt
906	*9. September:* Hinrichtung Graf Adalberts von Babenberg
963	Inhaftierung von Berengar und Willa von Ivrea in der Babenburg
973	*27. Juni:* Schenkung Bambergs an Heinrich d. Zänker, Herzog von Bayern
1007	*1. November*: Gründung des Bistums Bamberg durch König Heinrich II. und Kunigunde
1012	*6. Mai:* Weihe des ‚Heinrichsdoms‘
1015	Gründung des Benediktinerklosters St. Michael durch Bischof Eberhard I.
1020	*14.–17. April:* Besuch Papst Benedikts VIII., Weihe von St. Stephan und St. Thomas
1024	*13. Juli:* Tod Kaiser Heinrichs II., Bestattung im Bamberger Dom
1033	*3. März:* Tod Kaiserin Kunigundes, Bestattung im Bamberger Dom
1039	Ersterwähnung der *Mühle am Markt* (‚Sandstadt‘)
1046	*20. Dezember:* Erhebung von Bischof Suidger zu Papst Clemens II. († 9. 10. 1047)
1058	Gründung von St. Gangolf durch Bischof Gunther
1062	Ersterwähnung der Bamberger Fernhändler
1064	Wallfahrt Bischof Gunthers nach Jerusalem; bekommt in Byzanz das „Gunthertuch“ geschenkt
1072	*3. Mai:* Weihe der Krypta der Stiftskirche St. Jakob
1081	*3. April:* Brand des Doms und der Siedlung zu Füßen des Dombergs
1102–1139	Bischof Otto I., der Heilige
1146	*14. März:* Heiligsprechung Kaiser Heinrichs II.
vor 1150	Anlage einer Neustadt auf der „Insel“ zwischen den Regnitzarmen, Bau der „Oberen Brücke“
1157, 1163	Barbarossa gewährt den Bamberger Kaufleuten Privilegien
1177	Otto II., der erste Andechs-(Meranier) auf dem Bamberger Bischofsthron
1185	*August:* Zweiter Dombrand, danach Bau des Ostchors
1189	*10. August:* Heiligsprechung Bischof Ottos I.
1200	*29. März:* Heiligsprechung Kaiserin Kunigundes
1208	*21. Juni:* Ermordung König Philipps von Schwaben
um 1220	Verleihung des Stadtsiegels („Stadtritter“)
1237	*6. Mai:* Weihe des neuen Doms
1245	Verleihung eines dreiwöchigen Jahrmarktes
1265	Fertigstellung der ersten Stadtmauer um die Inselstadt

1275	*5. Dezember:* Festlegung der Rechte zwischen Immunitäten und „Stat“
1291	*21. Oktober:* Erstnennung der „universitas civium“, der Bürgerschaft
1306	Ältestes Protokoll- und Rechtsbuch der Stadt
1338	Baubeginn der „Oberen Pfarre“
1370	*22. Oktober:* Brückenrathaus erstmals genannt
1392	Parler-Bauhütte baut den Chor der „Oberen Pfarre“ und den „Karmelitenkreuzgang“
1431	*23. April:* König Sigismund bestätigt in der „Goldenen Bulle“ die gleichmäßige Verteilung der Lasten auf alle Bamberger Einwohner
1435	„Muntäterkrieg“: Bischof und Domkapitel gegen die „Stat“
1443	*15. Januar:* Einigung von „Stat“ und Immunitäten
1445	Neubau des „Mühlgrabens“ (linker Regnitzarm zwischen Bug und Rathaus)
1447	Hinrichtung der Führer des Aufstands der „Gemeinde“ gegen die Patrizier im Stadtrat
1449–98	Zweite Stadtmauer um die Inselstadt
1452–67	Neubau von Oberer Brücke und Brückenrathaus
1457–60	Druck der 36-zeiligen Bibel (B 36); zweitältester Druckort nach Mainz. Albrecht Pfister druckt die ältesten deutschen und illustrierten Texte
1483	Wolfgang Katzheimers „Apostelabschied“ mit der ältesten Darstellung der Stadt
1507	Johann von Schwarzenberg, „Bambergische Halsgerichtsordnung“
1513	Tilmann Riemenschneiders Kaisergrab im Dom aufgestellt
1525	*11. April:* „Bauernkrieg“: Forderung, die Privilegien der Immunitäten abzuschaffen
1554	Markgraf Albrecht Alcibiades zerstört die Altenburg
1568	Renaissance-Umbau der Alten Hofhaltung
1585	Bau des Geyerswörthschlosses für Fürstbischof Ernst von Mengersdorf
1586	Errichtung des „Seminarium Ernestinum“ zur Priesterausbildung
1594	*23. März:* Vertreibung der Lutheraner durch Fürstbischof Neithard von Thüngen
1602	Stadtplan des Petrus Zweidler
1605	Bau des „Gebsattelflügels“ der „Neuen Residenz“
1610–1773	Jesuiten in Bamberg
1610	Brand von St. Michael. Bei Renovierung der Decke entsteht der „Himmelsgarten“
1616–31	Schlimmste Hexenverfolgung Europas: über 1000 Opfer
1632–50	Über 20 Besetzungen der Stadt während des „Dreißigjährigen Kriegs“, schlimme Schäden, Bevölkerung schrumpft um fast 50%
1647	*14. November:* Gründung der Universität „Academia Ottoniana“
1693	Weihe der Jesuitenkirche (heute Martinskirche), erbaut von Georg Dientzenhofer. Beginn des fränkischen Barock
1695–1707	Bau der „Neuen Residenz“ durch Joh. Leonhard Dientzenhofer
1700	*13. März:* Mandat des Fürstbischofs Lothar Franz von Schönborn: Steuervergünstigungen für Neu- und Umbauten im Barockstil

1708	„Böttingerhaus“, 1713 „Concordia“, erste bürgerliche Palais
1755	Umbau des Brückenrathauses
1784	Hochwasserkatastrophe, Zerstörung der Seesbrücke
1789	*11. November:* Einweihung des „Allgemeinen Krankenhauses“ durch Fürstbischof Franz Ludwig von Erthal
1796	Gründung der „Bamberger Zeitung“ durch Gerard Gley
1802	*6. September:* Säkularisation – Ende des Hochstifts Bamberg, Übernahme durch Bayern
1802	*3. Oktober:* Eröffnung des Stadttheaters (Graf Julius von Soden)
1804	*28. Februar:* Errichtung der ersten „Heil-Irrenanstalt“ Deutschlands durch Dr. A. F. Marcus
1807	St. Stephan erste protestantische Pfarrei in Bamberg
1808–13	E. T. A. Hoffmann, Dichter, Musiker und Maler, in Bamberg
1817	Bistum Bamberg zum Erzbistum erhoben
1825	Gründung der Stadtsparkasse
1843	Eröffnung des Ludwig-Donau-Main-Kanals ab Bamberg
1844	Bamberg wird Knotenpunkt im neuen Eisenbahnnetz
1848	Zentrum der demokratischen Bewegung in Oberfranken
1856	Gründung der Mechanischen Baumwollspinnerei und -weberei (ERBA), erster großer Industriebetrieb der Gegend
1902	Palas der Altenburg durch Gustav Haeberle
1919	*14. August:* Regierung Hoffmann verabschiedet die „Bamberger Verfassung“
1923	Willy Messerschmitt gründet Flugzeugbau-Gesellschaft in Bamberg
1938	*9. November:* Nazis zünden die Synagoge an
1942	Die letzten Bamberger Juden werden in Vernichtungslager deportiert
1945	Bombenschäden in der Innenstadt, Stadt wird nicht verteidigt und dadurch gerettet
1946	Erstes Konzert der Bamberger Symphoniker Wiedereröffnung der Hochschule (Theologie, Pharmazie, Chemie, Jura)
1962	Eröffnung des Staatshafens, Anschluss an den Europakanal
1972	Ausweisung der Altstadt als Stadtdenkmal
1972	Eingemeindung von Gaustadt, Bug, Wildensorg und Kramersfeld Gründung der Gesamthochschule (seit 1979 Universität)
1973	1000-Jahrfeier mit 100 000 Zuschauern
1988	*12. Oktober:* 37. Deutscher Historikertag mit grundlegender Rede von Bundespräsident Richard von Weizsäcker
1993	*12. Dezember:* Aufnahme Bambergs in die UNESCO-Liste des Welterbes
1998	Gründung des Internationalen Künstlerhauses „Villa Concordia“
2007	Jubiläumsjahr zum 1000-jährigen Bestehen des Bistums Bamberg

Literatur

Es gibt eine fast unübersehbare Fülle von Literatur zu Bamberg. In die hier vorliegende „Kleine Bamberger Stadtgeschichte" sind viele eigene Forschungen eingeflossen, auch unveröffentlichte. Die Literaturauswahl kann in keinem Punkt auch nur annähernd die zu Grunde liegende Literatur erfassen. Sie soll lediglich den Zugang zu weiteren Informationen erleichtern. Ausgewählt wurden möglichst „junge" Veröffentlichungen, in denen die ältere Literatur genannt wird.

Allgemein:

Bibliographie zur Geschichte von Stadt und Hochstift Bamberg 1945–1975, zusammengestellt für die Berichte des Historischen Vereins Bamberg in der Staatsbibliothek Bamberg, 1980, fortgesetzt in den Berichten des Historischen Vereins Bamberg 117, 122, 127 und 132

Breuer, Tilmann/ Gutbier, Reinhard: Die Kunstdenkmäler von Bayern, Regierungsbezirk Oberfranken, VII, Stadt Bamberg 4 und 5, 6 Bde., 1990–2003

Dehio, Georg: Handbuch der Deutschen Kunstdenkmäler, Franken. „Bamberg" bearb. von Tilmann Breuer, 1999

Maierhöfer, Isolde: Bamberg. Geschichte und Kunst, 1973

Meyer, Otto: Oberfranken im Hochmittelalter, 1973

Moser, Peter: Bamberg. Geschichte einer Stadt, 1998

Roth, Elisabeth (Hg.): Oberfranken im Spätmittelalter und zu Beginn der Neuzeit, 1979 – *Dies.* (Hg.): Oberfranken in der Neuzeit bis zum Ende des alten Reiches, 1984 – *Dies.* (Hg.): Oberfranken im 19. und 20. Jahrhundert, 1990

Urban, Josef/Zeißner, Werner: Das Bistum Bamberg in Geschichte und Gegenwart, 5 Bde., 1992–97

Ein paar Stadtführer

Dengler-Schreiber, Karin: Bamberg für alte und neue Freunde. Ein Führer durch die Stadt. 6., überarb. und erg. Auflage 2005

HB-Kunstführer Nr. 17: Bamberg. Fränkische Schweiz, 1996 (Sonderteil: Dientzenhofer)

HB-Kunstführer Nr. 61: Bamberg. Fränkische Schweiz, 2001 (Sonderteil: Bamberger Malerei des Spätmittelalters)

Suckale, Robert/Hörsch, Markus/Schmidt, Peter/Ruderich, Peter: Bamberg. Ein Führer zur Kunstgeschichte der Stadt. 3. überarb. und verbess. Auflage 1993

Zum Kapitel „Vor der Bistumsgründung"

Abels, Björn-Uwe/Sage, Walter/Züchner, Christian: Oberfranken in vor- und frühgeschichtlicher Zeit, 2. Auflage 1996

Pfeiffer, Gerhard: Die Bamberg-Urkunde Ottos II. für den Herzog von Bayern, in: Bericht des Historischen Vereins Bamberg 109, 1973, S. 15–32
Wagner, Heinrich: Die Hedene, die hl. Bilhildis und die Erstnennung von Bamberg, in: Würzburger Diözesangeschichtsblätter 61, 1999, S. 13–49
Zeune, Joachim und Walter Sage: Geschichte aus Gruben und Scherben. Archäologische Ausgrabungen auf dem Domberg in Bamberg (Schriften des Historischen Museums Bamberg Nr. 26), 1993
Zimmermann, Gerd: 902 – Bambergs Ersterwähnung in einer Geschichtsquelle, in: Bericht des Historischen Vereins Bamberg 138, 2002, S. 23–34

Zum Kapitel „Die große Zeit (1007–1248)“

Baumgärtner, Ingrid (Hg.): Kunigunde – eine Kaiserin an der Jahrtausendwende, Kassel 1997
Belz, Thomas: Ein zisterziensischer Memorialbau in Bamberg? Ein Beitrag zur Baugeschichte des Klosters St. Theodor auf dem Knöcklein, in: Beiträge zur fränkischen Kunstgeschichte 1/2, 1997
Burandt, Walter: Die Baugeschichte der Alten Hofhaltung in Bamberg, 1998
Dengler-Schreiber, Karin: Der Michelsberg in Bamberg, 1993 – *Dies.:* Spuren der Andechs-Meranier in Bamberg, 1998
Die Andechs-Meranier in Franken. Europäisches Fürstentum im Hochmittelalter. Katalog zur Ausstellung in Bamberg 1998, 1998
Dümler, Christian: Der Bamberger Kaiserdom. 1000 Jahre Kunst und Geschichte, 2005
Fink, Alexandra: Romanische Klosterkirchen des heiligen Bischof Otto von Bamberg, 2001 (Diss. 1999)
Kirmeier, Josef/Schneidmüller, Bernd/Weinfurter, Stefan/Brockhoff, Evamaria (Hg.): Kaiser Heinrich II. 1002–1024. Katalog zur Bayerischen Landesausstellung 2002 in Bamberg, 2002 (Veröffentlichungen zur Bayerischen Geschichte und Kultur 44)
Schimmelpfennig, Bernhard: Bamberg im Mittelalter. Siedelgebiete und Bevölkerung bis 1370, Lübeck und Hamburg 1964 (Historische Studien Heft 391)
Schuller, Manfred: Das Fürstenportal des Bamberger Domes, 1993
Suckale-Redlefsen, Gude: Eine kaiserliche Goldschmiedewerkstatt in Bamberg zur Zeit Heinrichs II., in: Bericht des Historischen Vereins Bamberg 131, 1995, S. 129–175
Weinfurter, Stefan: Heinrich II. Herrscher am Ende der Zeiten, 2. Auflage 2000

Zum Kapitel „Der Kampf der Bürger um Selbstständigkeit“

Chroust, Anton: Chroniken der Stadt Bamberg, 2 Bde., 1907, 1910
Dengler-Schreiber, Karin: Die Kemenate Hinterer Bach 3 in ihrer Umwelt. Geschichte und Funktion 1292–1997, in: Hinterer Bach 3. Bauforschung in Bamberg, 1998 (Arbeitshefte des Bayerischen Landesamtes für Denkmalpflege, Bd. 92), S. 9–49 – *Dies.:* Ein Stadtquartier als Geschichtsdokument. Stadtmauern, Judenquartier und Hafenmarkt in Bamberg, in: Jahrbuch für fränkische Landesforschung 64, 2006
Göldel, Caroline: Zur Entwicklung der Bamberger Stadtverfassung im 15. Jahrhundert im Spannungsfeld Rat – Gemeinde – Klerus, in: Bericht des Historischen Vereins Bamberg 135, 1999, S. 7–44

Jess, Agnes: Das Spannungsverhältnis von Stadt und Fluss im Stadtdenkmal Bamberg, Diplomarbeit Universität Bamberg 2005
Kist, Johannes: Das Bamberger Domkapitel von 1399 bis 1556. Ein Beitrag zur Geschichte seiner Verfassung, seines Wirkens und seiner Mitglieder, 1943
Schnapp, Karl: Stadtgemeinde und Kirchengemeinde in Bamberg vom Spätmittelalter bis zum kirchlichen Absolutismus, 1999 (Veröff. des Stadtarchivs Bamberg 5)
Schottenloher, Karl: Die Buchdruckertätigkeit Georg Erlingers in Bamberg von 1522 bis 1541. Ein Beitrag zur Geschichte der Reformationszeit, 1907 (Sammlung Bibliothekswissenschaftlicher Arbeiten Heft 21)

Zum Kapitel „Die Zeit der Kriege"

Baumgärtel-Fleischmann, Renate: Fürstbischof Johann Philipp von Gebsattel und die Kirche in Schlüsselau, 1997 (Veröff. des Diözesanmuseums Bamberg Bd. 10)
Dengler-Schreiber, Karin: „Ist alles oed vnd wüst … Zerstörung und Wiederaufbau in Bamberg im Zeitalter des Dreißigjährigen Kriegs", in: Jahrbuch für fränkische Landesforschung 57, 1997, S. 145–161
Gehm, Britta: Die Hexenverfolgung im Hochstift Bamberg und das Eingreifen des Reichshofrates zu ihrer Beendigung, 2000 (Rechtsgeschichte und Zivilisationsprozess 3)
Machilek, Franz (Hg.): Haus der Weisheit. Von der Academia Ottoniana zur Otto-Friedrich-Universität Bamberg. Katalog der Ausstellungen aus Anlaß der 350-Jahrfeier, 1998

Zum Kapitel „Triumph des Barock"

Baumgärtel-Fleischmann, Renate (Hg.): Franz Ludwig von Erthal, Fürstbischof von Bamberg und Würzburg 1779–1795, 1995 (Veröff. des Diözesanmuseums Bamberg Bd. 7)
Breuer, Tilmann: Bamberg als Stadt des 18. Jahrhunderts, in: Ars Bavarica 27/28, 1982, S. 127–142
Dümler Christian: Die Neue Residenz in Bamberg. Bau- und Ausstattungsgeschichte der fürstbischöflichen Hofhaltung im Zeitalter der Renaissance und des Barock, 2001 (Forschungen zur Kunst- und Kulturgeschichte Bd. 7, zugleich Veröff. der Gesellschaft für fränkische Geschichte, Reihe 8, Quellen und Darstellungen zur fränkischen Kunstgeschichte, Bd. 13)
Kappl, Claus: Die Not der kleinen Leute. Der Alltag der Armen im 18. Jahrhundert im Spiegel der Bamberger Malefizakten, 1984 (17. Beiheft des Historischen Vereins Bamberg)
Meyer, Otto: Kurfürst Lothar Franz von Schönborn inmitten der Geschichte seiner Zeit und seines Hauses, 1957
Miekisch, Horst: Absolutismus und Barock in Bamberg. Vom Westfälischen Frieden zur Schönbornzeit 1648–1746, 1988 (Darstellungen und Quellen zur Geschichte Bambergs 1, hg. vom Stadtarchiv Bamberg)
Paradowska, Maria: Die Bamberger im Posener Land. Geschichte und Kultur einer deutschen Einwanderung (ab 1719) im Wandel der Zeit, hg. von Klaus Guth, 1994

Reddig, Wolfgang F.: Armut, Krankheit und Not in Bamberg. Sozial- und Gesundheitswesen bis zum Beginn des 19. Jahrhunderts, 1998 (Darstellungen und Quellen zur Geschichte Bambergs 5, hg. vom Stadtarchiv Bamberg)

Schemmel, Bernhard: Das Allgemeine Krankenhaus Fürstbischof Franz Ludwig von Erthals in Bamberg von 1789, 1989 (Ausstellung der Staatsbibliothek Bamberg, Katalog)

Zum Kapitel „Von der ‚mittelmäßigen' Stadt zum Weltkulturerbe"

Dengler-Schreiber, Karin: Bamberg – Weltkulturerbe in einer lebendigen Stadt, in: UNESCO-Welterbe: Lust und Last?!, Stuttgart 2004 (Landesdenkmalamt Baden-Württemberg Arbeitsheft 14) – *Dies.:* Leben im Bamberger Land, 1990 – *Dies.:* Marcus und die Nervenklinik Bamberg, in: Bericht des historischen Vereins Bamberg 141, 2005, S. 387–401 – *Dies.:* So ein Theater. Geschichten aus 200 und einem Jahr Bamberger Stadttheater, 2003

Dippold, Günther/Wirz, Ulrich (Hg.): Die Revolution von 1848/49 in Franken, 1999 (Schriften zur Heimatpflege in Oberfranken, I,2)

Lewandowski, Rainer: Fiktion und Realität. E. T. A. Hoffmann und Bamberg. Über eine Beziehung zwischen Leben und Literatur, 1995

Loebl, Herbert: Juden in Bamberg. Die Jahrzehnte vor dem Holocaust, 1999

Segebrecht, Wulf: Krankheit und Gesellschaft. Zu E. T. A. Hoffmanns Rezeption der Bamberger Medizin, in Romantik in Deutschland, 1978, S. 267–290 (Deutsche Vierteljahresschrift für Literaturwissenschaft und Geistesgeschichte 52, Sonderband)

Wagenhöfer Werner/Zink, Robert: Räterepublik oder parlamentarische Demokratie. Die Bamberger Verfassung 1919, 1999 (Veröffentlichungen des Stadtarchivs Bamberg 10)

Walther, Karl Klaus: „Eine kleine Druckerei, in welcher manche Sünde geboren wird". Bambergs erster Universitätsbuchhändler. Die Geschichte der Firma Göbhardt, 1999 (Bamberger Studien und Quellen zur Kulturgeschichte 1) – *Ders.:* Zäsur und Neubeginn – Zum 200. Jahrestag der Säkularisation, in: Aus dem Antiquariat. Zeitschrift für Antiquare und Büchersammler, 2003, 1, S. 18–28

Register

(*Kursiv* gesetzte Seitenzahlen beziehen sich auf Abbildungen)

Ortsregister (allgemein)

Ortsregister (Bamberg)

Personenregister

(Bei weltlichen Herrschern, Päpsten, Bischöfen und Stadtoberhäuptern wird in der Regel jeweils die Regierungszeit bzw. Amtszeit angegeben, ansonsten die Lebenszeit)

Regensburger Ring
Bamberg
Margareten-
damm
FC Wacker 1927
Heß-
Ring
Schüsselstr.
Weiden-
damm
Geschwister-
Scholl-
Ring
Schüssel-
str.
Don-
Bosco-
Str.
Graf-
Stauffenberg-
Platz
Scholl-
Ring
Geschw.-
Pfeuferstr.
Weidendamm
Amt f. Gebäude-
wirtschaft
Hornthal-
str.
Canisius-
heim
Löwen-
brücke
Löwenstr.
Georgendamm
Heinrich-
saal
Konzert- und
Kongresshalle
Sinfonie an
der Regnitz
Nebingerhof
Bayer. Bauern-
verband
Pfeufer-
str.
Muß-
str.
Am
Leinritt
Heinrich-
Bosch-Steg
Technisches
Rathaus
Weide
Weide
Markus-
platz
Innere
Hornthal-
str.
Kleber-
str.
Graben
Untere
Sandstr.
Linker
Regnitzarm
Schiffbau-
platz
Steinert-
str.
Vorderer
Graben
Kapuziner-
str.
Holz-
markt
Markus-
str.
Erthal-
weg
Stadtarchiv
Am
Leinritt
Clavius-
Gymnasium
Heumarkt
Benediktiner-
weg
Untere
Sandstr.
Markus-
brücke
Fischerei
Hinterer
Graben
Martin-
schule
Stangsstr.
Universität
An der Universität
Sozialstiftung
Bamberg
Bürgerspital
Michels-
berger
Garten
Am
Leinritt
Fischerei
Plattner-
gasse
Schul-
gasse
Studenten-
werk
St.-Michaels-
Kirche
Benediktiner-
weg
Klein
Venedig
Untere
Sandstr.
Schiffbauberg
Justiz-
vollzugsanstalt
Am
Leinritt
Am
Kranen
Hasengasse
Frühisl.
Kunst
St.-Elisabeth-
Kirche
Elisabethen-
gasse
Obere
Sand-
str.
Sandbad
Komm.-gesch.
Schifffahrt
Anlegestelle
Fisch-
Aufseesianum
Ottoplatz
Rosen-
garten
Grünhunds-
brunnen
Krippenmuseum
Staatl. Hochbauamt
Wasserwirtsch.-Amt
Schüler-
wohnheim
Aufseß-
str.
Residenz-
str.
Kasern-
str.
Untere Brücke
Sammlg.
Ludwig
Obere Brücke
Michaels-
berg
Domschule
Neue Residenz
Staatsgalerie
Aula
Dominikaner-
str.
Langheimer
Hof
Michels-
berger Str.
Franziskanergasse
Karolinen-
str.
Dom-
platz
Staats-
bibliothek
Katzenberg
Ringleins-
gasse
Herren-
str.
Altes
Rathaus
Jakobsplatz
Jakobs-
platz
Obere
Dom-
str.
Alte
Hofhaltung
Historisches
Mus.
Karolinen-
str.
Karolinen-
str.
Geyers-
wörth-
platz
Geyers-
wörthsteg
St. Jakobs-
kirche
Erzbischöfliches
Palais
Missions-
haus
Dom-
str.
Dom
Domplatz
Rothenfels-
gasse
Lugbank
Diözesan-
museum
Domkapitel
Domherrenhöfe
Dompfarrhof
Schranne
Untere Mühlbrücke
Matern-
str.
Sutte
Dompröpstei
Vorderer
Bach
Evang.
Freikirchl. Gem.
Staatl.
Vermessungs-
amt
Bischofsmühl-
brücke
Salesianer
Don Bosco
Kaulberg-
schule
Pfahl-
plätz-
chen
Balthasar-
gässchen
Sonnen-
plätzchen
Linker
Matern-
str.
Matern-
kapelle
Sutte
Hinterer
Bach
Kaulberg
Pfarrgasse
Studen-
tenwhm.
Juden-
str.
Schimmelsgasse
Garten-
str.
Im
Domgrund
Kirche
Unsere-Liebe-Frau
Obere
Pfarre
Frauenplatz
Eis-
grube
Böttinger-
haus
Unterer
Concordia-
Obere Mühlbrücke
Am
Karmelitenplatz
Unterer
Schul-
platz
Hölle
Hauswirtsch.-
schule
Stephans-
Ziegelgasse
Kaiser-Heinrich-
Gymnasium

Internetadressen

www.stadt.bamberg.de (offizielle Homepage der Stadt mit vielen weiterführenden Links)
www.bamberg.de/stadtarchiv (Stadtarchiv)
www.staatsbibliothek-bamberg.de (Staatsbibliothek)
www.gda.bayern.de/bam00.htm (Staatsarchiv)
www.bamberg.de/museum (Städt. Museen)
www.hv-bamberg.de (Historischer Verein Bamberg e.V.)
www.etahg.bamberg.de (E. T. A.-Hoffmann-Gesellschaft Bamberg e. V.)
www.uni-bamberg.de (Otto-Friedrich-Universität)
www.erzbistum-bamberg.de (Homepage des Erzbistums mit weiterführenden Links)
www.juden-in-Bamberg.de (Geschichte der Juden)
www.weltkulturerbe-bamberg.de (Freunde des Weltkulturerbes Bamberg e. V.)
www.Apfelweibla.de (Webseite des Kaiser-Heinrich-Gymnasiums mit zahlreichen Infos zur Geschichte der Stadt)
www.bamberger-symphoniker.de (Bamberger Symphoniker – Bayerische Staatsphilharmonie)
www.villa-concordia.de (Internationales Künstlerhaus)
www.kultur.bamberg.de (offizieller Veranstaltungskalender für Stadt u. Landkreis Bamberg)
www.bamberg.info (Tourismus und Kongress Service)
www.fraenkischer-tag.de (Tageszeitung „Fränkischer Tag")

Bildnachweis

Autorin: S. 34, 44, 54, 91
Bamberger Symphoniker: S. 133 (Foto: Peter Eberts)
Bayerische Staatsbibliothek, München: S. 17 (Sign. Clm 4452, fol. 2r)
bpk/Kupferstichkabinett, Staatliche Museen zu Berlin: S. 37, 60
Diözesanmuseum, Bamberg: S. 29
Germanisches Nationalmuseum Nürnberg: S. 68 (Inv.Nr. Gm 128)
Haus der Bayerischen Geschichte, Augsburg: S. 10
Historisches Museum, Bamberg: S. 47 (Inv.Nr. 502), 70 (Gal 46), 118 (F 182), 121 (Gr. 454), 126
Staatliche Graphische Sammlung München: S. 63 (Inv.Nr. 1962: 152 Z)
Staatsbibliothek Bamberg: S. 16 (Sign. Msc 142, fol. 4v), 50, 65, 76 (IP 206), 80 (V B 22, 1-4), 86 (VII D 39), 89 (V A 64a), 97 (V A 85), 99 (VIII C I), 106 (I T 80), 109 (V V 211), 115 (MvO A Va22), 127
Stadt Bamberg, Pressestelle: S. 137
Stadtarchiv Bamberg: S. 123, 130, 132
Aus Privatbesitz: S. 26

Karten:
S. 139: © BAMBERG Tourismus & Kongreß Service, Bamberg
Stadtplan S. 158/159: © Stadt Bamberg, Baureferat

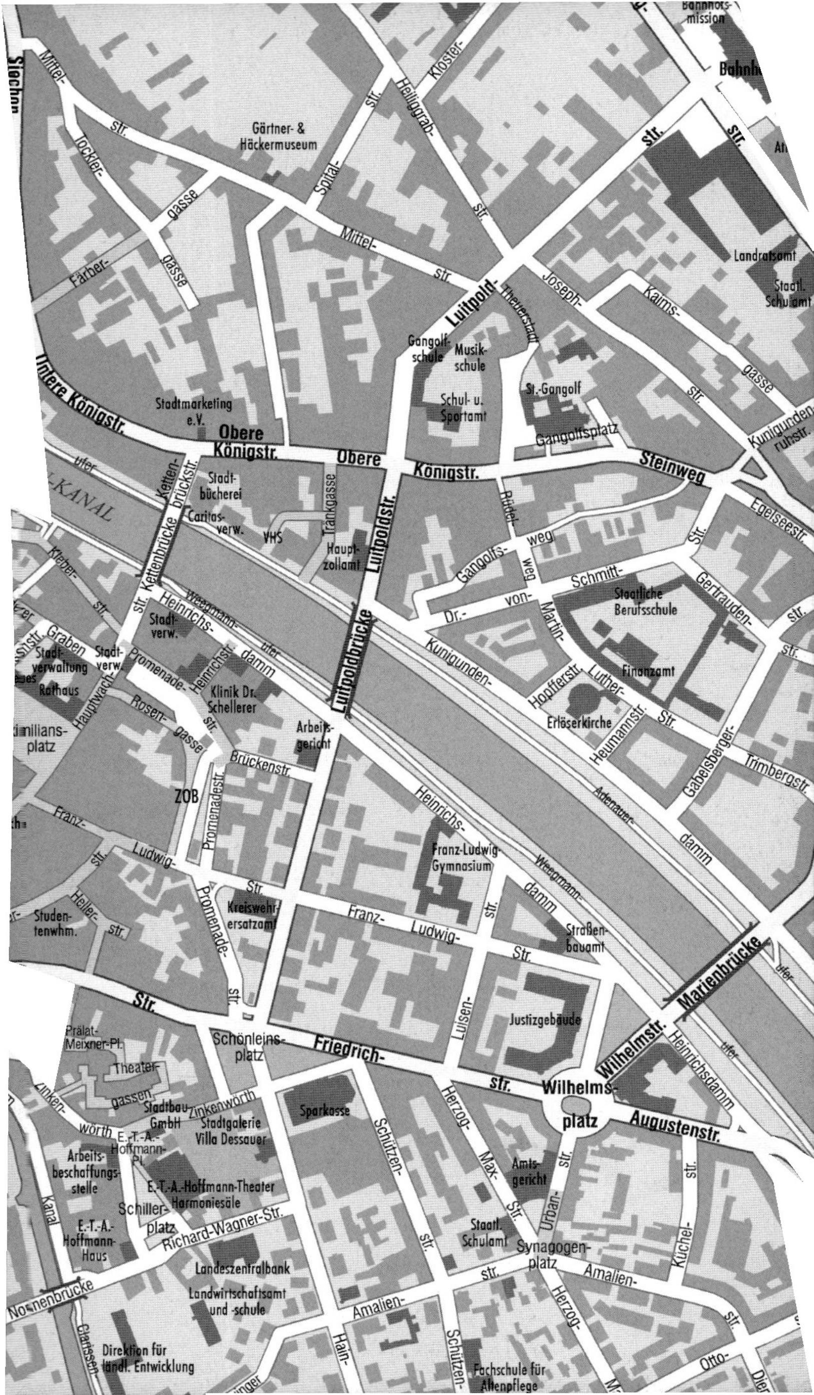

Bahnhofs-
mission
Bahnh
Mittel-
str.
Jockler-
gasse
Gärtner- &
Häckermuseum
Spital-
str.
Heiliggrab-
Kloster-
str.
str.
str.
Mittel-
str.
Färber-
gasse
Luitpold-
Hetterstadt
Joseph-
Kaims-
gasse
Landratsamt
Staatl.
Schulamt
Gangolf-
schule
Musik-
schule
Schul- u.
Sportamt
St.-Gangolf
Gangolfsplatz
Untere Königstr.
Stadtmarketing
e.V.
Obere
Königstr.
Obere
Königstr.
Steinweg
Kunigunden-
ruhstr.
str.
Egelseestr.
ufer
KANAL
Ketten-
brückstr.
Stadt-
bücherei
Caritas-
verw.
VHS
Trankgasse
Haupt-
zollamt
Luitpoldstr.
Rüdel-
weg
Gangolfs-
weg
Schmitt-
Staatliche
Berufsschule
Gertrauden-
str.
Kleber-
str.
Kettenbrücke
str.
Heinrichs-
damm
Weegmann-
ufer
Luitpoldbrücke
Dr.-
von-
Martin-
Kunigunden-
Luther-
Str.
Finanzamt
Stadt-
verw.
Graben
Stadt-
verwaltung
Rathaus
Stadt-
verw.
Promenade-
Hauptwach-
Rosen-
gasse
Heinrichstr.
Klinik Dr.
Schellerer
str.
Hoffmannstr.
Erlöserkirche
Heumannstr.
Gabelsberger-
Trimbergstr.
Arbeits-
gericht
Brückenstr.
Promenadestr.
ZOB
Heinrichs-
Adenauer-
damm
Franz-
str.
Ludwig-
Franz-Ludwig-
Gymnasium
Weegmann-
damm
Str.
Kreiswehr-
ersatzamt
Promenade-
str.
Studen-
tenwhm.
Heller-
str.
Franz-
Ludwig-
str.
Str.
Straßen-
bauamt
Marienbrücke
ufer
Str.
Luisen-
Justizgebäude
Wilhelmstr.
Heinrichsdamm
ufer
Prälat-
Meixner-Pl.
Theater-
gassen
Schönleins-
platz
Friedrich-
str.
Wilhelms-
platz
Augustenstr.
Zinken-
wörth
Stadtbau-
GmbH
Zinkenwörth
Stadtgalerie
Villa Dessauer
Sparkasse
Schützen-
Herzog-
Max-
Str.
E.-T.-A.-
Hoffmann-
Pl.
Arbeits-
beschaffungs-
stelle
E.-T.-A.-Hoffmann-Theater
Harmoniesäle
Amts-
gericht
Urban-
str.
str.
Küchel-
Kanal
Schiller-
platz
Richard-Wagner-Str.
E.-T.-A.-
Hoffmann-
Haus
str.
Staatl.
Schulamt
Synagogen-
platz
Amalien-
str.
Landeszentralbank
Landwirtschaftsamt
und -schule
str.
Nonnenbrücke
Amalien-
Herzog-
Clarissen-
Hain-
Schützen-
Direktion für
ländl. Entwicklung
Fachschule für
Altenpflege
Otto-